甘肃省"十三五"教育规划重点课题"基于特殊学生问题的'慢'教育研究"（课题批准号：GS［2018］GHBZ038）成果

"慢"孩子 "慢"教育

董新民　薛卉琴　魏春燕　主编

中国纺织出版社有限公司

内 容 提 要

本书通过特殊学生转化的案例故事及思考来探索"慢"教育的文集，收集了来自甘肃、四川、重庆、辽宁等省市一线教师在特殊学生转化方法的教育叙事和教育随笔共60篇。本书中的案例故事和教育随笔，启示一线教育工作者通过"等待、耐心、从容、宽容、期待"和"关注、理解、陪伴、赏识、鼓励、激励"这些"慢"教育元素在特殊学生心里的种植及浸润，给特殊学生一份关爱、一份尊重、一个转变，营造关爱特殊学生的氛围，让教育给予学生对知识的热情、对自我成长的信心、对生命的珍视，以及更乐观的生活态度。

本书适合一线教育工作者及热爱教育事业的人士阅读。

图书在版编目（CIP）数据

"慢"孩子 "慢"教育/董新民，薛卉琴，魏春燕主编.—北京：中国纺织出版社有限公司，2020.5（2025.1重印）
ISBN 978-7-5180-7264-4

Ⅰ.①慢… Ⅱ.①董… ②薛… ③魏… Ⅲ.①教育工作-文集 Ⅳ.① G4-53

中国版本图书馆CIP数据核字（2020）第052977号

责任编辑：华长印　李淑敏　　责任校对：楼旭红
责任设计：易出版　　　　　　责任印制：何　建

中国纺织出版社有限公司出版发行
地址：北京市朝阳区百子湾东里 A407号楼　邮政编码：100124
销售电话：010—67004422　传真：010—87155801
http://www.c-textilep.com
中国纺织出版社天猫旗舰店
官方微博 http://weibo.com/2119887771
永清县晔盛亚胶印有限公司印刷　各地新华书店经销
2020年7月第1版　2025年1月第2次印刷
开本：880×1230　1/32　印张：7.25
字数：170千字　定价：68.00元

凡购本书，如有缺页、倒页、脱页，由本社图书营销中心调换

Preface 序言

为童心燃亮希望之光

我小时候,也曾是"慢"小孩、"笨"小孩、"不乖"的小孩。父母一直在田间劳作,对我管束较少,于是上学之后,在新的环境里,我渴望得到老师的关注,努力每一天都有进步,收获更多的爱与陪伴。

翻看《"慢"孩子"慢"教育》,一段段师生之间的点滴故事扑面而来,仿佛再次回到童年,走进一所所美丽的学校、一间间书声琅琅的教室。我想起当年自己的教育经历,甚至依稀看到那个同样安静、羞涩、怯懦的自己,想起那些关心我、激励我、帮助我的启蒙老师们。

坦率地说,书中的许多故事还可以再打磨,文字也称不上多么考究,但诚挚而朴素的文字背后,却有着感人的内核,传递着教育的温度,展现了当下中国正在真实发生的教育。一群为未来而耕作的教师,他们的行为也许算不上惊天动地,却实实在在塑造了一个又一个孩子的心灵,使得他们窥见希望之光,获得向上生长的力量。

书中那些"特殊学生""差生""学困生""自闭症儿童"的话语、他们的家庭状况与成长经历、他们内心深处的那股坚强与倔强,老师们给予他们的悉心关照、对他们学习与生活上的关心、教育教学之后的深刻反思,不经意间都触碰到我们心底的柔软,让我们泪流满面,再次体会何为"教育"。

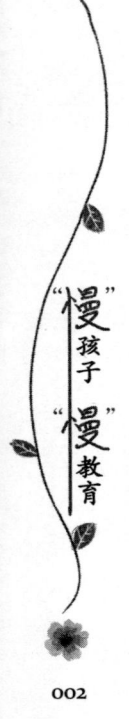

何为教育？教育即是师生之间共同谱写爱与成长的故事，就是教师庇护童心、为其燃亮希望灯盏的同时，赋予自己的生命以价值、以华彩。在一方教室里，教师其实大有可为，甚至可以说有着翻天覆地的魔力，既可以毁一颗童心，也能让一名学生走出心灵之阴霾，乃至让一个班级的学生冲破现实的重重束缚，树立高远目标，成就伟业。

我们应该向这些看似平凡、实则伟大的教师致敬。他们是真正爱孩子、爱教育、不为功名的老师；他们的眼里没有差生，只有一个个需要爱与陪伴的孩子；他们多是普通得不能再普通的乡村教师，但他们又是中国教育一道美丽的风景，撑起了乡村教育的希望……

"你这样认真，不管将来做什么事，一定能做好的。""孩子，你知道吗？我一直喜欢你坚持不放弃的样子。""能得到你的一个拥抱，我就心满意足了"……书中的老师们的话语发自肺腑，透着可爱，意味深长；书中的老师们也有着非凡的勇气，勤于反思自己日常教育过程中的失误，就像一面镜子，促使我们反思自己身上的诸多不足，努力去践行理想的教育。

教育说到底是育人、育心的艺术。对于基础教育来说，知识的传授、习惯的养成固然重要，但老师对学生是否有足够的耐心、在日常沟通上是否讲究语言的艺术、在教育管理上是否符合学生成长的规律，这都直接关系到童心能否被善待、被激励，影响到学生在学校里的生活状态。

学生的未来，抑或教育的答案，一定程度上就掌握在教师的手中。像书中的老师那样心里有爱，静待花开，心中有一个个活生生的、各不相同的孩子，爱的种子就会在他们心中发芽，希望之光就会始终闪亮。

教师的工作看似平凡，却事关一个个孩子的未来、一个个家庭的希望。我坚信书中的这些老师在做着伟大的事，也希望我们能始终保有难得的朴素与纯真，坚持写作、反思，在关爱学生的过程中成就自己，收获幸福。

有他们在，中国的教育会更好。

张贵勇

文学博士、教育媒体人、亲子教育畅销书作家

Foreword 前 言

2017年9月10日，应甘肃省渭源县"守望者"（教师微信群）家人的盛情邀请，我和秋菊老师赶赴渭源县，在那儿渡过了一个"特殊"的教师节。

"守望者"群是一个自发的民间教师微信群，集聚了一群执著于教育、热爱孩子的教师。在虚拟却真实的网络空间里，分享教育故事，交流读书心得，探讨教学问题，鼓励携手前行，只为"守望真教育，守望真幸福"。群里除了本地的教师之外，大多数人未曾谋面，甚至有些连照片也没有见过。

我和秋菊老师与群中老师们初次相见，倍感亲切、激动、兴奋。我们聊教育、聊教学、聊学生、聊语文、聊教师自身的专业成长。记得在聊到学生时，大家不约而同提到了班级里的"特殊学生"，表示出对班级里"特殊学生"成长的担忧，并形成了共同的期望——从2017年秋季开始，"守望者"家人会加倍关注班级里的"特殊学生"，通过陪伴、影响、激励、表扬等方式使其改变或转变，努力给他们营造温暖的空间，让他们跟着别的学生一同成长。同时，我们记录与他们相守的点点滴滴，最后集结成本书。

我们所指的"慢"孩子，就是班集体中的特殊学生，是指身体机能、思想品德、学习态度、行为习惯、心理等方面存在较为严重的问题，而且用常规教育手段不能解决其问题，需要进行个案诊疗的学生。

长期以来，对于一线教师来说，特殊学生就是特别让人头痛的孩子，是许多麻烦的制造者，常常影响班级的学习和活动。转变这些特殊学生，往往会出现无功而返的情况。有的教师对特殊学生会选择强制改

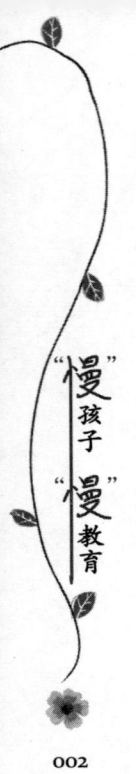

变或放任不管的教育方式,结果不但原有的特殊学生没有改变,甚至还出现了新的特殊学生,或者新的特殊情况。有的教师为了学生能在检测中取得好成绩,争分夺秒地讲授知识和反复测验,教会学生做题技巧……总是急切地盼望教学出成效,但面对特殊学生则缺乏耐性,给他们补习两三次,不会只好作罢。如果学生犯错误或屡教不改就会气得面红耳赤,对其大声训斥,甚至选择放弃。在对待特殊学生的态度上,家长和老师一样都有太多的恨铁不成钢、太多的急功近利、太多的急躁冒进和揠苗助长、太多的高期待和不理解,缺乏应有的期待和从容。

"慢"教育理念认为,教育是一个慢活、细活,是生命潜移默化的过程,教育的变化是极其缓慢、细微的,需要"深耕细作式的关注和规范",需要等待、耐心、从容、宽容、期待,更需要关注、理解、陪伴、赏识、激励。

基于以上思考,我们申请了《基于特殊学生问题的"慢"教育研究》课题,2018年7月被甘肃省教育科学研究院确立为甘肃省教育规划重点课题。

一年多来,"守望者"家人除了关注教学外,更加关注学生的心灵世界,不断思考和实践影响"慢"孩子的教育方法及策略,用文字记录了与"慢"孩子一同走过和将要一起走过的路。通过"烛心丝语"及"守望者"的公众号平台,共推出了60余篇教育故事,在此基础上,总结了关于如何影响、转变特殊学生问题的心得11篇。

在与"慢"孩子相守的日子里,我们达成了以下共识:从某种意义上讲,每个学生都是特殊的。基于这样的思考,特殊学生应放在整个集体中来对待,研究特殊学生教育问题应放在整个教育中来完成。通过"等待、耐心、从容、宽容、期待"和"关注、理解、陪伴、赏识、鼓励、激励"这些"慢"教育元素在特殊学生心里的种植及浸润,给特殊学生一份关爱、一份尊重、一个转变,营造关爱特殊学生的氛围,让教育给予学生对知识的热情、对自我成长的信心、对生命的珍视,以及更乐观的生活态度。

真正的教育也许不是教师"教育"出了多少个名牌大学生,而是在你的教师生涯里,陪伴、影响、改变、转变了几个"慢"孩子。

让我们坚定守护"慢"孩子的责任和信心,坚持走,一直走。

董新民
2019年1月31日

Contents 目 录

成长缓慢，我陪伴

1. 是什么触碰到了孩子的内心？…………………………002
2. 陪伴，也是最好的教育 …………………………………005
3. 又见喜军 …………………………………………………008
4. 他，就是我课堂的最大成功！…………………………013
5. 慢一些，再慢一些 ………………………………………016
6. 你坚持的样子最可爱 ……………………………………019
7. 用爱来弥补 ………………………………………………022
8. 监考 ………………………………………………………025
9. 孩子，老师不愿丢下你！………………………………029
10. 单纯地去爱 ………………………………………………033

基础薄弱，我帮助

11. 停一停，等等他 …………………………………………037
12. 站在国旗下的你，真美！………………………………041

13. 难忘，那双大眼睛 ··· 045
14. 宇儿 ·· 048
15. "慢"生需要"慢"教 ·· 052
16. 孩子，请慢慢说 ·· 055
17. 寻找教育的契机 ·· 058
18. 不离不弃的修行 ·· 061
19. 竞争的力量 ·· 064
20. 帮孩子"摘掉"差生的"帽子" ······························· 067

错怪误解，我反思

21. "臭而长！" ·· 072
22. 这辈子，我不会吸烟！ ····································· 076
23. 放大学生的优点 ·· 080
24. "差生"，有时也能精彩！ ··································· 083
25. 治"哭"要治心——我与"特殊"孩子的故事 ············ 086
26. 爱的忏悔 ··· 094
27. 心底的那双眼 ··· 098
28. 孩子，你进步了！ ··· 101
29. 不懂你，是我最大的错 ····································· 104

行为不端，我矫正

30. 给"自省"留个空间 ··· 108
31. 不去揭穿他的谎言 ··· 112
32. 回"家"的莉莉 ··· 116
33. 给他一个拥抱 ··· 120

34. 不能输给他 ……124
35. 陪你慢慢成长 ……127
36. 让教养的种子发芽 ……130
37. 送给你的祝福 ……135
38. 苦涩中的甜蜜 ……139

习惯不好，我培养

39. 课堂关注，让他有看得见的成长 ……144
40. 赏识，让慢开的花朵悄然绽放 ……148
41. 原来，他也会笑！ ……151
42. 他，终于变了 ……154
43. 孩子，我们慢慢来 ……157
44. 那抹笑，真美 ……161
45. 他变了 ……164
46. 你为什么哭？ ……167
47. 特别的爱给特别的你 ……171
48. 改变，从习惯开始 ……174
49. 用爱和坚持创造奇迹 ……177

细活慢功，我坚持

50. 基于特殊学生转变的"慢"教育思考 ……181
51. 为什么"特殊孩子"不当"好学生"？ ……186
52. 解读陶行知"四颗糖"的教育智慧 ……189
53. "弯材料"也能"端起来" ……192
54. 俯身，嗅一片花香——"慢"孩子教育之我见 ……198

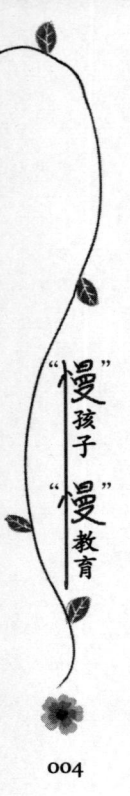

55. 我要做个好孩子——"慢"孩子教育案例 …………………202
56. 慢下来，静待花开会有时 ……………………………………206
57. 新时代素质教育下的"慢"孩子教育策略 ………………210
58. "慢"孩子是一朵需要耐心浇灌的花 ………………………214
59. 浅谈"慢"教育实践中的特殊学生转化 …………………217
60. 用阅读转变"慢"孩子——读《给教师的建议》………220

成长缓慢，我陪伴

1. 是什么触碰到了孩子的内心？[1]

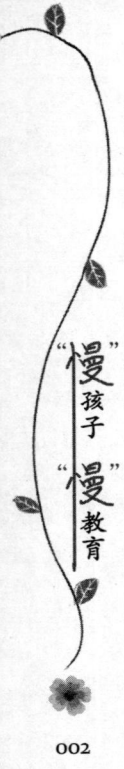

文/董新民

写下这个题目，我的眼前闪现出一个戴着帽子、在课堂上从不曾抬头的男孩身影，心底泛起隐隐沉重。

那是七年级的一节语文课，我提前走进教室去听课。一看时间，上课铃马上要响了，看到最后一排空着一副课桌凳，我问前边的同学："这儿有同学吗？"前边的同学回答："有！交作业去了！"

可是上课铃响了，他依然没来，我的目光不时地投向教室门口。一直到上课铃声结束，从教室门进来一位衣着朴素的男孩，中高个儿，头戴黑色太阳帽，低着头，悄悄走到最后一排属于自己的座位，默默坐下。

整节课，老师按既定计划有序地推进着，课堂上此起彼伏的声音装点着质朴而又轻松的语文课堂。同学们的书本也因圈点勾画厚重起来。

我的目光瞄向男孩的书本。他的书面异常"干净"，看不到任何痕迹。他的头埋在黑色太阳帽下，低低的。

当老师提问到"哪些词语表现了赫耳墨斯的自高自大"时，偶尔举手的几个同学的回答都不能令授课老师满意，老师不得不让前后左右的同学讨论交流。孩子们的头开始凑在一起，你一言我一语。而他依旧低着头，"孤独"地坐在最后一排，没有人打扰他，他也不去打扰别人。

---

[1] 董新民.是什么触碰到了孩子的内心？[J].女人坊·语林，2019（49）：18.

当然，我也没有去打扰他，有时还会故意远离他，去看看同学们交流时丰富的表情，去听听孩子们讨论时"独到"的见解。

待到集中汇报时，他前面的同学都举手发言了，均得到老师的表扬或肯定。其他的同学，急急忙忙圈画着，记录着。不管身边如何"记录"，他依然"波澜不惊"，似乎这个世界，这个课堂，都与他一点关系都没有。他摊开的语文书上，依旧异常"干净"。

临下课前，老师设计了这样一个环节：改动《蚊子和狮子》这个寓言故事的情节，看它的寓意发生怎样的变化？老师的要求还没说完，同学们纷纷在书本的字里行间或侧旁书写着自己的改动。没过两分钟，不同的改动，开始从不同的同学嘴里蹦出来，也引起大家对寓意的思考。

正当关注同学们精彩"改动"的我，无意间看到一直沉默不语的他，在书上写着什么。我不禁激动起来，走到他身边，见他埋着头，在《蚊子和狮子》的字行缝隙间，急急地写着。

我蹲下身子，看到有一段像蚊子一样的汉字不规则地穿插在《蚊子与狮子》的倒数第五段和第四段之间，以及倒数第三段和第二段之间。我轻轻拿过他的书，细细地瞅了瞅，依然没有看清他写了些什么内容。

"你写的是什么？"我把脸贴在他的耳边轻声问。

他读了一遍，我没听清。再问，他又读了一遍，我依然没有听清。于是，我拿出手机拍下来。

所有这些，他都没有回过脸与我对视，不知是他怕自己看到我，还是怕我看到他。

我打开照片放大，仔细辨认他写下的文字。因有几个字辨认不出来，故而无法读通学生书写的意思，但我坚信，他一定用他的理解给《蚊子和狮子》创造了新的精彩。

随后，我翻看他的语文书，只见到处是乱涂乱画，我的心一揪：

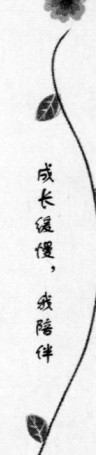

成长<ruby>慢</ruby>慢，我陪伴

他一直就这样端坐在教室里,用帽子遮盖着自己,用自己的方式拒绝和对抗着这个世界。也许,他这样做,是认为这个世界用同样的方式对待他,或许更甚。

下课离开教室时,我感觉到有一双眼睛一直盯着我。那一刻,我才真正明白——不管怎样的孩子,他都在用自己的方式,用心感知着这个世界。

很多时候,我们无法走进一些特殊学生的内心世界,是因为我们用自己的"三观"去评价孩子,用自己的"以为"在认识孩子,结果距离孩子越来越远。没有找到孩子,怎么认识孩子?怎么理解孩子?怎么懂得孩子?怎么影响孩子?怎么转变孩子?

是啊!当他拿起笔急急书写的时候,我们需要问自己:是什么触碰到了学生的内心?只有我们找到了这个问题的原因,学生才会向我们慢慢打开自己的心门,我们才能真正走进学生的内心世界。

当我们低下身子,与学生的心贴在一起的时候,真正的教育才开始发生。

小贴士:

很多时候,我们无法走进一些特殊学生的内心世界,是因为我们用自己的"三观"去评价孩子,用自己的"以为"在认识孩子,结果距离学生越来越远。没有找到孩子,怎么认识孩子?怎么理解孩子?怎么懂得孩子?怎么影响孩子?怎么转变孩子?我们需要接纳孩子的"不足",以孩子的基础为基础,关注孩子的内心世界,让孩子真正融入班级,随着集体一起成长。

2. 陪伴，也是最好的教育 [1]

文 / 董新民

近段时间，一直阅读特殊学生转化的文章。读完细思，大多数文章还是站在师者的立场，以成人的视角，想当然地大谈特殊学生的"被转化"。其实，有些孩子是很难或者说是无法"被转化"的，真正需要"转化"的，倒是这些特殊学生身边的人，包括我们自己。

2018年6月14日中午，儿子开完初中毕业典礼回家，要走我的手机，登上QQ，边看边笑。我和妻子感到好奇，便凑过去。原来儿子在班级群里正翻看同学们上传的照片。

"这几张是我给真照的，看他多开心！"儿子脸上洋溢着自豪！

只见真站在讲桌前，做着各种鬼脸，眼神里透着真诚、快乐、幸福！

真跟儿子从小学一年级到初三一直是同班同学。

记得刚上小学的儿子每天回家，嘴里都要唠叨半天学校里的新鲜事，每回总少不了说说他们班的"瓜子"。这个"瓜子"就是真。有时，说起他们欺负真的事，眉飞色舞。妻子总会教训儿子："不准再欺负真了"。

后来，儿子不再说"瓜子"了，提到真就说全名。而真呢，除了不学习，什么事都会和同学们一起做。

记得四年级，开学第一天中午回家，儿子说他们的班主任换了，

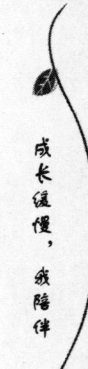

---

[1] 董新民.陪伴，也是最好的教育［J］.班主任之友（中学版），2019（11）：61.

心情特别不好，饭也没怎么吃，午睡时床上翻过来翻过去，一直唉声叹气。

下午放学回来，儿子又特别高兴，一进门就说："我们的魏老师还带我们语文！"

"为什么？"妻子问。

"我们几个偷偷到老师办公室看了，魏老师的包放在桌子上，大衣都搭在椅背上呢！"儿子偏着头，睁大眼睛说。

是啊，魏老师在孩子们心里已经胜过一切。

六年级时，学校为了加强毕业班教学工作，将原来的五个班打散分成六个班，真从魏老师班分到了六班。可是，真从来不去六班，每天背着书包，趴在魏老师班的窗台上，"听"魏老师的课。过了几天，魏老师向学校提出申请，把真要到了自己班上。

小学毕业，儿子和真到了同一所初中学校，还分到了同一个班。起先，也有同学欺负真，儿子和几个同学一起"保护"真，还时时把这些情况报告给班主任王老师。

每次开家长会，王老师说起这班同学，包括真，就像是数落自己的孩子，眼里写着满满的期待。

而今，真也初中毕业了！

或许，真在别的班级早就辍学了，他坚持到初中毕业，是魏老师和王老师们坚守着真一路走来。

那天给儿子开高中的第一次家长会，听到一个女同学指着儿子说，这是崇文中学十班的学霸，他们中学实验班进了七个。

细想，王老师这个班能有这样的成绩，或许也有真的原因。

像真这样的孩子，他更需要的是真诚的陪伴。想要转化他，让他和别的孩子一样努力学习，于他只是增加一份痛苦。对于真，老师和同学，有爱、有尊重、有陪伴，就够了。

真不能被"转化"，可是通过真，别的同学可以"转化"，可以

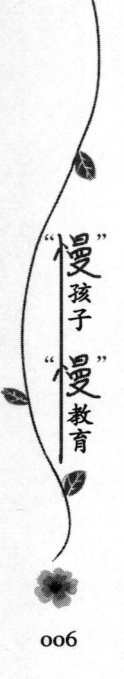

把爱种植到每个孩子的心里，让每一个孩子懂得尊重，知道感恩，学会善良，能够坚强。日积月累，勤奋、团结、友好、合作会成为一种习惯，或者一种品格。潜移默化中，你追我赶，班级的精神和文化也会发生变化，影响到每一个学生的成长。

有时，我们总是站在"教育"的高度去教育孩子，以成人的立场改变孩子，可孩子没有"被教育""被转化"。真正的教育，也许在"教育"之外，某一个不起眼的，经常被我们忽视的角落。

陪伴，也是最好的教育。

小贴士：

对于像真这样的孩子，很多老师首先想到的就是"去分母"，殊不知，我们不要求他们和其他同学一样完成教学任务，不放弃他，不歧视他，不忽略他，让他和同学们一起学习、一起活动、一起游戏、一起劳动，对他们的真情陪伴是班级管理和学生教育的最好的方式。

3. 又见喜军

文 / 薛卉琴

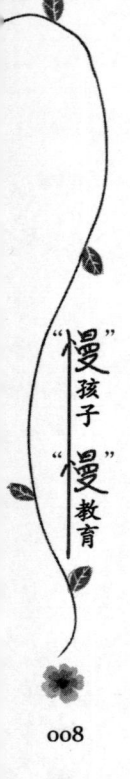

年关将近,婷婷等几个贫困孩子又收到北京谢教授给的资助金,我这个"爱心邮递员"也开始忙碌起来。

公交车停在眼前。又是满满一车人!我随着人流挤上车,在压肩迭背中腾出一只手,试图找个扶手抓住。就在这时,我的手却被一只大手紧紧握住,着实吓了我一跳!

我一边想拼力挣脱那只大手,一边从拥挤的人群中寻找那只大手的来源。原来,死死攥着我手的是靠右车窗座位前的一个小青年。他一只手攥着我的手,一只手扶着座位靠背,半弯着腰,焦急地看着前面晃动着的脊背。他身后的座位上没有人,显然,他是刚刚从座位上站起来的。

"麻烦稍微让一下好吗?"他身子向后靠了靠,腾开手拨了一下前面的脊背,用力将我往他身边拉,我的手都被他拽疼了。

"老师,您坐我这儿吧!"他冲我笑笑,一对小眼睛几乎眯成了缝。这眼睛好熟悉!

"你是?"我快速从记忆中检索。说实话,我比较健忘,从教二十多年,带过无数学生,很多以前带过的学生见了看着面熟,却叫不出名字来。

"老师,您不记得我了吗?我是喜军。"见我半天说不出他的名字,他有点急了,"您赶紧坐我这儿,站着太挤了!"他把我拉进座位，让我坐下，然后吁了口气，开心地站在我面前看着我笑。那神情，一下子将我带到了十年前的课堂！

那是我调入一所九年制学校后上的第一堂初一语文课。我已记不清那节课讲的是什么内容，可我楚地记得在那节课上，我提了一个问题后，看见坐在最后排的一个高个子男孩举着手。当我叫起他回答问题的时候，全班同学一阵哄笑。我莫名其妙，问他们笑什么，一个嘴快的女孩子站起来说："老师，他是瓜子！"（方言，傻子的意思）

听了女孩的话，我回头看站在眼前的高个子男孩，他低着头，脸有些泛红，两只手攥在一起，不停地捏着。看样子，他很紧张，亦或非常尴尬。

"孩子，你叫什么名字？"我走到他跟前，弯腰问他。

"喜军！"他说话语速很快，两个字几乎是同时发出来的。

"你几岁了？"我看他比别的孩子高出一头，心想他的年龄应该不小。

"老——老师，我——我十——十五岁了。"他说话有些结巴，有时半天发不出音，有时又快速连发几个音。他看着我，眼睛笑眯眯的，似乎在等待我的下一个问题。我仔细看了看他，除了鼻子底下堆着一些鼻涕痂，脖子上有一层黑垢甲，衣服比较破旧外，没看出他和别的孩子有什么不同。我不知道他为什么被同学们称为"瓜子"，而且"瓜"了这么多年！突然想起多年前在心理学中学的"罗森塔尔效应"。"人的期望和热爱会使人们的行为发生与期望趋于一致的变化。"一个学生在老师和同学们心目中的"定位"直接影响其成长和变化。对于一个好学生来说，积极的期望和评价会使其锦上添花。而对于喜军这样的学生而言，这种负面的定位会使其雪上加霜！我不能再让这种消极负面的定位残害这个可怜的孩子了。我要让他告别"瓜子"的名号，努力从他身上发现和挖掘哪怕是微乎其微的闪光点，并据此形成对他的良性积极的评价和期望，让他回归到正常孩子的行列中来。

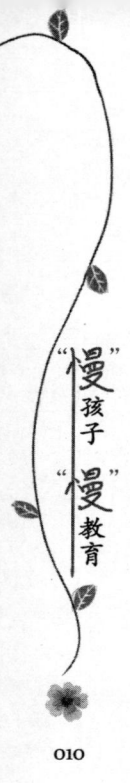

"好，你坐下。"我又回到讲台上，面对全班同学说，"谁说喜军是瓜子？他一点都没瓜，上课认真听讲，还积极举手回答问题，有这样的瓜子吗？"

"他就是瓜子！小学的时候，老不写作业。他从来没参加过考试，也不会考试。大家都叫他'瓜瓜儿'……"没等我说完，一个女孩就抢话了。

"不许胡说！"我提高嗓音警告女孩的同时，又回头看喜军，只见他低着头，脸愈发红了。

"以后大家不能再叫他'瓜瓜儿'了。我们班上没有'瓜子'！大家都是同班同学，是兄弟姐妹，是一家人。一家人就要相互尊重，相互关心，互相帮助。他有名字，以后大家要叫名字，叫喜军。其实，我看喜军是很聪明的，你们看他回答问题多清楚。相信在大家的帮助下，他会越来越聪明的……"听了我的话，那个女孩不说话了。

那节课上，我有意识地提问了喜军好几次——给他最简单的，能用"是"或"不是"来回答的所谓"无效问题"。并时时鼓励他，说他回答得很好，说他很聪明，鼓动孩子们为他鼓掌。在一次又一次掌声中，我看到了喜军一次又一次的笑脸，那双小眼睛几乎眯成了一条线！

从那以后，我再没听见有人叫他"瓜子"。喜军也没有像快嘴女孩说的那样"老不写作业"，而是每次作业都会很认真地完成。（我每天给他布置的作业，无非是抄写词语或者一段课文，他能做到的。）

很快到了期中考试。考试前的那天晚上放学，喜军问我："老师，我明天还来学校吗？"

我被他的问题问迷糊了，奇怪地问："明天要考试，你怎么能不来学校呢？"

"以前考试的时候，我就待在家里……"喜军不好意思地低下头说。

多可怜的孩子！小学期间竟然没参加过一次考试！我的心一阵阵揪疼！

"那，你想考试吗？"我想知道孩子对考试这件事的真实想法。

"想！我能考吗？"他抬起头，眼睛里充满了期待。

"当然能啊，当学生怎么能不考试呢？"我摸摸他的头说。听了我的话，他高兴极了，转身飞快地跑了。开学半学期来，我第一次看见他这么高兴地奔跑的样子！

期中考试结束了。喜军的七门课程总分是48，其中语文27分。他很开心，因为这是他当了8年学生（小学一年级连留了3年）以来，第一次有了考试成绩。

转眼到了初三。一路走来，我们班有好几个孩子由于种种原因而辍学了，但是喜军走到了最后。毕业考试前报志愿，鉴于喜军的情况，我建议他报考县职业中学，因为当时职业中学生源紧缺，几乎无条件招收学生。可是他的家长因家庭困难没有同意。

毕业会考结束，喜军的总分我记不清了，但语文成绩一直没忘记——69分（总分150分）！这个成绩，用当时校长的话说，"你能把他教出这样的成绩，真是一个奇迹！"喜军顺利拿到了初中毕业证。

毕业之后，喜军的消息便从我的生活中消失了。十多年，我也几易岗位，辗转了几个单位。今天突然见到喜军，他已经长成了大小伙子，一米八左右的个子，西装革履，看上去很帅。往日鼻孔前常挂的鼻涕痂不见了，脖子里黑黑的垢甲没有了，说话也不怎么结巴了。除了这双看上去总是笑眯眯的小眼睛，再也找不到以前那个喜军的影子！

在和他的交谈中得知，他现在在内蒙古的一家汽修厂打工，虽然辛苦些，但工资还可以。他已经交了女朋友，准备明年国庆结婚……

"老师，您的心真好！"当他得知我去给贫困孩子送钱时，他笑眯眯地看着，伸出双手又一次紧紧地握住了我的手。

我懂得他话里的意思，也感受到了那双大手传递给我的情感！

他半道下了车，临走时还执意替我买了票。透过车窗，看着他高大清瘦的背影，我的心热乎乎的……

小贴士：

"罗森塔尔效应"表明，一个学生在老师和同学们心目中的"定位"直接影响其成长及变化。因此，作为一名教育者，切忌对像喜军这样的学生从一开始就扣上"傻""旁听生"之类的帽子，因为这种负面消极的定位会使学生雪上加霜。要努力从他们身上发现和挖掘闪光点，并据此形成对其良性积极的评价和期望，让他回归到集体中来，在集体中健康成长。

4. 他,就是我课堂的最大成功!

文 / 魏春燕

"价值连城——"

"宝贝,能不能将声音放大点,把这个词填到句子中并读出来?"

"卞和捧着一块石头,对文王说,这是一块价值连城的宝玉。"一个勉强能够听见的声音从公开课的一角传出来。此刻,看着脸蛋微微泛红的强,我兴奋得几乎要跳起来了!三年来,强在课堂上回答问题的总次数小于3。公开课上,这是第一次!

强是我带一年级时的插班生,他有自闭症,从来不和别人交流。

据了解,强小的时候,家人迫于生计,爸爸妈妈带他到外地打工。爸爸妈妈上班时只能把强锁在家里,并且吓唬强:不许跟任何人说话,会被别人拐走。长期处于这种环境中,孩子没有交流的对象,也害怕和别人说话,语言能力无法得到发展,慢慢自闭起来。上一年级时,强只能说个别词语。

说实话,像强这样的孩子,我也伤脑筋,不知道怎样让他和别人交流,怎样让他融入到这个大家庭中来。

每天早上,他都能按时到校。可是,放下书包,不见人了。打发其他同学去找,无果。等到上操时间,他又回到队伍中了。课外活动不见他的人影,上自习时又出现在教室里。他的突然"失踪",常常让我感到担心和恐惧。

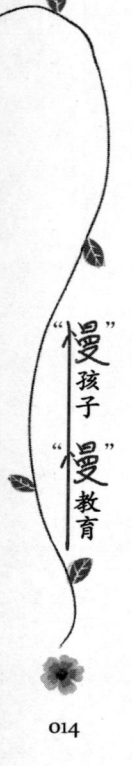

"你干什么去了？"我试图与他交流，"你以后不能独自出去了，老师和同学会担心的。"每每这时，他忽闪着大眼睛，似懂非懂，嗓子眼里挤出一个字"嗯"。

二年级时，强到校后能坐在教室里了。

说起强的学习，汉字还可以照猫画虎，拼音一个都不会。我对他放低要求：只要写作业就行，不管写多写少，我都认真批阅，尽管他写的每个字都是拼凑起来的，批阅完也不忘说几句鼓励的话。我明白，对于这样的孩子，只能给他创造"安全"的学习和生活环境。

课堂上，他从来不说话，叫起来回答问题好多次，都是沉默着，我也只能任其沉默，同学们也习惯了他的沉默。

为了与他交流，我努力寻找话题。二年级第二学期报名注册，我埋头查作业、填表。看到强来了，停下手中的活儿，有意和他拉家常："放寒假干什么了？挣到压岁钱了吗？放炮了吗？……"那天，他突然对我说了几句话，并且声音哄亮了很多，我十分高兴。后来，听家长说，他在家里也乐于交流了，我似乎看到了希望的曙光。

三年级，我们开始写摘录笔记。他偶尔写一次，只是在练习本上凑合。我将手边的一本笔记本送给他："强，这是老师送给你的摘录笔记本，要在这上面写，明白吗？"他忽闪着大眼睛盯着我，认真地点点头。此后的半个月，他大多数写在笔记本上，偶尔也会忘掉，还是写在练习本上。每次，我只会耐心地告诉他："一定要坚持用一本本子，明白吗？"他好半天从嘴里挤出一个词"明白了"。

我发现他在以后学习中的变化：字迹基本能看清了，写错的字，也能一笔一划改正了。对他，我降低了要求，其他同学写三遍，他写一遍。对孩子来说，激发兴趣比学习知识更重要。

文字是修正心灵最好的良药。三年级时，我们自愿购买班级共读书目。我买了三本送给他，希望在文字中能够慢慢打开其思维的大门。我深知，这是一个漫长的过程，不可有半点的急功近利。

或许是和同学们相处久了，或许是学会语言交流了，有时候能看到强和同学们说笑，在他没有段落的习作中，还会蹦出几句特别有童趣的话——"小鸟和白云在做游戏""太阳公公眯着眼睛笑……"我不失时机地抓住这些闪光点，在全班同学面前表扬他，让他有了自信心。

　　公开课上，同学们正在进行激烈的小组擂台赛，一只只小手如树林般"立"在眼前，我正在发愁该请谁回答问题时，视线突然落在了强黑黝黝的脸上，大大的眼睛认真地看着我，仿佛写满了坚定，也充满了期待。我想无论如何，一定要给他一次机会。

　　"强，你能回答这个问题吗？"他慢慢站了起来，出现了前文的一幕。这一刻，我公开课中所有的瑕疵都可以忽略不计，他的开口回答问题，就是我课堂最大的成功！

　　"冰雹会损伤脆弱的秧苗，狂风会折断稚嫩的枝条，雷雨交加的天空会让鸟儿惊恐万分。"作为教师，我们的心理、语言、行为不该有冰雹、狂风和雷雨，尤其是面对"慢"孩子。很庆幸，这三年中，我没有以"爱"的名义给他压力。

　　呵护每一个生命，需要我们的智慧，所有的付出都源于"爱"。这种爱是等待，是对生命的尊重，是一种春风化雨的滋养！

小贴士：

　　成长的道路上，教师带给"慢"孩子的应该是温暖的眼神、和煦的春风、点燃激情的火花、开启智慧的钥匙、化解干涸的清泉和催化坚冰的暖流……教育，应该是温润的，充满灵性的。

5. 慢一些，再慢一些

文 / 王福琴

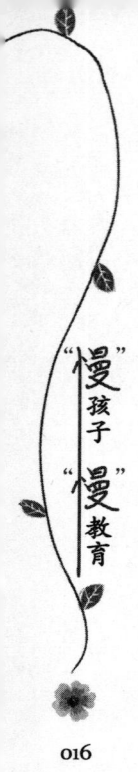

又是一年开学季，我又迎来一批一年级小学生。开学报名第一天，我无比兴奋，期待着这群即将到来的小天使。

匆匆忙完教务工作，怀着急切的心情匆匆赶去教室。在教室门口听到一阵喧闹声，透过窗户，我看到有的孩子在仰着头大笑，有的孩子在和同伴兴奋地交谈，还有的孩子低着头不知在玩什么，好一幅热闹的场面！

走进教室，我拍拍手示意孩子们安静，吵闹声逐渐平息，他们一个个坐得很端正，用纯净的眼神看着我，他们真是一群可爱的小天使！

"孩子们真乖，坐得真端正！你们已经是小学生了！以后每一天，老师都会选出我们班各个方面表现最棒的同学成为班级小明星，你想成为咱们班的小明星吗？"

"想！"

一个个小天使们坐得端端正正，竖起耳朵来听我说话，清亮的眼睛一动不动看着我。

"那么……"我刚要接着说下去，一个特殊的身影映入我的眼中。她，小脸清秀，扎着马尾辫，衣裙洁净，一个可爱的小女孩。只是，那眼神不像其他孩子一般清亮有神。她对我的话置之不理，自顾自地在座位上手舞足蹈，口中念念有词，完全沉浸在自己的世界中！

"宝贝，你叫什么名字呀？"我走近问她。

"小贤！"她大声说。但眼神依旧飘忽不定，动作依旧没有停！我心中一惊，难道这孩子不正常？

课后，我及时联系家长，才了解到小贤是一个轻微儿童自闭症患者。我上网查阅了资料，并和孩子家长交流，知道对待自闭症儿童，大人和小伙伴的干预，会让她慢慢走出自己的世界，学会和外人交往。

于是，课间我有意走近她，和她聊天，并拉着她和小伙伴一起玩。她有时会跟我说说话，有时会挣脱我的手，独自去玩。我告诉自己，我将面对一项巨大的挑战，不能太着急，慢慢来，只要付出总会得到回报！

课堂上我及时表扬她，她会很欣喜地答应一声，两手平放在桌上，端坐一小会儿，随后，又自顾自做她的事了！但只是小小一会儿，我也很满足了！

以后几天里，她越发和我亲近了。一天中午，有位小朋友在讲桌上放了一个梨。小贤快乐地跑到我跟前，眼睛看着我，手却慢慢伸向了讲桌上的梨。我蹲在她面前，拉着她的手问她："你想吃吗？"她点点头。我递给她梨，她接过后狠狠咬了一口，回座位去了。随后几天，她会时不时跑到我跟前，摸摸我的手，拉拉我的衣襟，我也会摸摸她的脸，拉拉她的手，每次她都会莞尔一笑跑开……

两周后的大课间，我拿起洒壶给教室内的盆花浇水，一个稚嫩的声音传入耳中："老师，你给花浇水，花就怎么了？"

是小贤！我心中欣喜，她竟然主动来和我交流了！

"小花就会长大的哦！"我连忙搭话。

"那它会不会长得像巨人一样高？"

"不会，老师会修剪它，但它会越来越漂亮！"

"哦！"

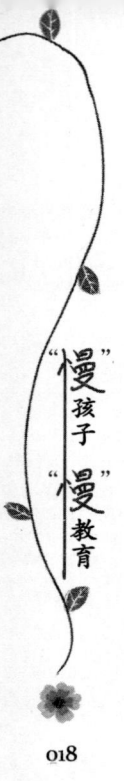

上课铃响了，我放下洒壶走出了教室。孩子已经能主动和我交流了，这是一大进步呀，我心中暗暗高兴！

后来，小贤会时不时跑过来和我说话，我也积极回应。我及时和家长联系，告诉他们小贤的变化，得知消息的家长也很欣喜。

一天，我由于公差没有去学校上课。下午，从同事口中得知，小贤整整一个上午都在他们跟前打听："王老师呢？王老师今天去哪里了？她为什么没来上课？"

听着同事的叙述，我又感动又心酸，泪水不自觉溢满眼眶。多么纯洁可爱的孩子！我再次告诉自己，慢一些，再慢一些，静下心来用心陪她成长。我坚信，小贤封闭的内心世界终会为我、为所有人打开！那时，她的生命将会绽放出绚烂的色彩！而我，将是她生命成长的见证者！我知道，这个过程注定是漫长而艰难的，但生命的蜕变哪一个不是历经磨难才绽放光彩呢？

小贴士：

"陪伴是最长情的告白"，对于患有自闭症的儿童最好的教育和治疗就是陪伴。从小贤的例子看，教师的陪伴和交谈对她的自闭症起到了一定的干预作用，使她能够主动和别人交流。另外，学习伙伴的干预也是较好的治疗方法，教师有意识地让班内孩子主动和小贤交流、玩耍，她能逐步走出自己的心灵空间，和小伙伴一起游戏。此外，鼓励也起到了很大作用。鼓励和表扬能产生一种积极、愉悦、向上的情绪，对于患有自闭症的儿童也需要进行适当的鼓励表扬。

6. 你坚持的样子最可爱

文 / 马子霞

孩子，你知道吗？我一直喜欢你坚持不放弃的样子。

——题记

"老师，今天的作业只有钦一个人没有完成。"组长涛一字一句汇报作业收交情况。

"告诉她，不要急，等她完成记着交来。"

四年来，这样的对话不知重复了多少次，大家早已在心里默认了这种宽容——全班四十几个孩子，唯独钦的作业可以经常推迟交而免受组长的催促和老师的责问。

钦和妹妹同年入学，妹妹学啥会啥，上课回答问题积极，思路清楚。而她连10以内的加减法计算都始终离不开双手点数。但她从来不会偷懒，每次上课，老师在黑板上写出算式，她一笔一画抄在练习本上，用铅笔尖一下一下点着双手的指节算结果。别人轻松口算、心算的内容，她必须借助手指，一个算式经常要反复点数几遍，以至于她胖乎乎的双手经常被汗渍和铅芯染成灰黑色，有时连脸蛋上也抹上了铅灰。她邋遢又憨厚的样子，看得人心疼，又怎能忍心去苛责她！

每次作业钦算得最认真，花费的时间最多，交得最迟，但错得最多。妹妹总是在完成自己的作业后，趴在跟前掰着她的手指给她教，她依然不急不慌，一来二去，妹妹生气了，用食指戳她的额头。可是

她并不生气，只是把头埋得更低，继续点指节算，半晌才把一个数字写在等号后面，如释重负般的开始点数下一题的答案。

不知是因为生性内向怯懦，还是家庭的原因，一二年级时，除了妹妹，钦几乎不和其他孩子交流。每次提问她，不论授课老师怎样和颜悦色地鼓励，她都没有勇气像其他孩子那样大声地回答，即使我和她并肩坐一排，边教她做题，边问她话，她也不会大声、干脆利落地回答我。我通常需要通过她的口型和表情判断她对一些基本知识的掌握情况。

她的表情一直是木然的，听我讲有趣的故事，其他孩子一个个手舞足蹈笑作一团，唯独她像个局外人，低着头想着自己的心事。钦在读三年级时，父母离异，妈妈带着妹妹离开了她，没有妹妹的相伴，她变得更加沉默，笑容更少。她把所有的伤心和不明白统统藏在心底，不愿意让任何人知道。除非有学生欺负她，她不得已向我申诉，不然她不会主动走近老师。许多时候，她喜欢默默地坐在教室里，面无表情地把头贴近作业本写啊写，算啊算。她的字很小，写得左低右高，不仔细分辨，很难看清是写的是什么。因为书写不规范，错题多，她的作业经常得"乙"，她依旧认真地更正，认真地写，不喜不悲，她的坚持让人感动。

随着年级的升高，她的学习也越来越吃力，但是她尽自己最大的努力坚持一点一点地学，我也尽最大的努力一遍又一遍地教。每一次在黑板上做练习题，我都给她指定最简单的题目，只为给她一次站在大家面前的机会，强迫她消除过度的紧张心理，慢慢正视自己的存在。记得她一开始总会紧张得鼻尖冒汗，就是现在，她仍然会小心翼翼地紧贴着黑板，只是她的目光不再一味逃避。

几年来，我和她一直努力着、合作着、进步着。她从来没有想过要放弃自己，在我眼里，她坚持的样子最可爱。当然，我也没有想过要放弃她，我所能做到的就是和大家一起按照她的成长节奏认真地陪伴她长大。二十几年的教学经历告诉我，每个孩子的天赋虽有差异，但是拥有幸福的权利却是平等的。作为教师，坚持平等育人，用爱心和耐心工作，收获的虽然不是荣誉，但拥有孩子们的微笑和信任，足矣。

小贴士：

我们必须承认孩子之间存在着差别，不放弃，不随波逐流。每次给钦指定最简单的题目，是为给她一次锻炼的机会在大家面前，展示自己，消除过度的紧张心理，慢慢正视自己的存在。基于像钦一样的孩子的特殊性，对其进行帮扶、教育时，一定不能操之过急，要多发现他们的点滴进步，经常鼓励，让他们拥有真实的价值感和存在感。

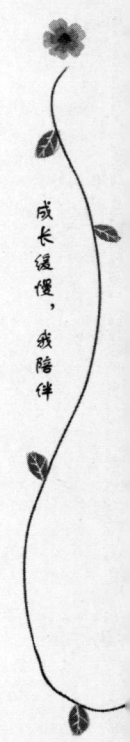

成长逗慢，我陪伴

7. 用爱来弥补

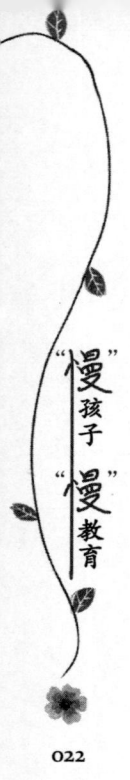

文 / 马子霞

如果疾病让一个原本活泼可爱的孩子变成另一个样子，能弥补这种缺憾的，大概唯有爱了。

源进入我们班级时，已经在一年级读了两年，年龄比其他同学要大两岁，但他的自我约束能力还不如幼儿园小班的小朋友。上学迟到，上课后不及时进教室，上课中途随意离开座位，三番五次去上厕所……

源因为小时候的一次感冒发烧，引起惊厥，使他的脑神经受了严重的损伤。他走路就像跳芭蕾，脚跟着不了地，只能用脚尖和脚掌跳，跑的时候随时都有跌倒的可能。眼睛不能聚光，看人、看东西不得不斜视。就因为身体原因，家人格外地溺爱他。他几乎天天上学迟到，而妈妈每天早上九点左右准时给他把牛奶、面包、豆浆等早餐送到来学校，像喂婴儿一般，一点一点哄着、追着他吃。

源虽然在一年级已经读过两年了，但是两年中他考试的成绩可以不记入班级总分，不参与评比，所以他在班上，相当于是一个自由的孩子。学不学，学多学少，学会学不会，作业能否按时完成，科任老师可以不在意。所以两年的学校生活非但没有养成源最基本的学习、生活习惯，反而让他有了自由散漫，游走于班级管理之外的特权。

班上突然插入这么一个大家公认的特殊孩子，老师感到的不仅仅是压力，还有混乱。这孩子简直是个自由体，没有规则意识，在自己的位子上坐不了几分钟，便开始在教室里转悠，其他孩子的什么东西他都好奇，非要拿去试试。一会儿翻开这个同学的文具盒，一会儿又拿了另一个同学的铅笔、橡皮擦或转笔刀。不到一星期，孩子、家长接连不断地告源的状，一节课就这些小官司断不清。

对源，用正确的方式爱他尤为关键。我拒绝源妈妈天天送早餐到教室，并要求她尽可能做到不溺爱孩子。建议家校共同督促孩子慢慢学会自律，学会遵守时间。用耐心和细心帮孩子与不良的习惯作斗争。

记得刚开始的时候，孩子和家长都很难做到坚持按时到校，早自习铃响后，源的爸爸才背着源推开教室门，而源还很不情愿地耍着小性子。面对耐心解释的源爸爸，我丝毫不留情面，明确告诉他："小孩子迟到，家长有不可推卸的责任！要想孩子养成好习惯，家长务必担起教育孩子的主要职责。"

从此以后，在马路上经常可以看到源爸爸拉着儿子的手，走一段，跑一段，甚至背着源和书包跑的情景。有时候还可以见到马上要迟到的父子二人，即使距离学校不到200米，源爸爸为了能在早自习铃响前把孩子送到教室门口，就会急忙拦一辆出租车。这样坚持一学期以后，源慢慢地不再赖床，学习、生活逐渐转入正轨。

坚持就是爱，坚持才能见效果。在学校，我不仅从纪律、个人卫生、行为习惯、与他人相处、书写、阅读等方面一点一滴要求他，帮助他改掉已经形成的不良习惯，为了避免他因跟不上班级的节奏而出现自暴自弃的情况，对他的作业也特别关照。一节课，其他孩子写四道题，他可以少写一道题，只要认真完成我依然给他一个大大的"甲"（他的父亲曾不止一次高兴地说："孩子每次得了甲，都要拿回家里向每个人炫耀"）。在家里，他的父母哪怕单位再忙，都要克服困难陪着孩子，辅导孩子完成作业，督促孩子按时休息。持久的努力中，家长、老师的耐心和爱心一点一点圈住了源的多动和焦虑，把因疾病

带给他的伤害降到最低。

　　三年级做完手术后，源的一只脚上还用三根筷子一般粗的钢签牵引，两端用几排小螺帽固定，被纱布缠着的整个脚肿的像馒头一样，为了不落下学习，父亲依然忍痛把他背到学校，让他坚持听课，可见爱子之心何其迫切！

　　许多时候，默默的陪伴也是一种表达爱的方式。对于做了手术的源来说，和脚上的疼痛等同的还有他的孤独。每当别的孩子像快乐的小鸟一般飞向操场、功能室的时候，他就像是被困在笼子里的小动物，提着一只脚，急切地扶着桌子袋鼠般向前跳几步，然后颓然坐下，半晌无语。我不能无视他的寂寞，常常会以批阅作业或看书为理由，待在教室里陪着他。

　　对源的教育，不能急于求成。常言说：心急吃不了热豆腐。要慢慢来，一步一步走。相信爱的力量会一点一滴弥补他的缺失，引导他成长。

小贴士：

　　全心接纳，正面引导，家校合力，是转化像源一样的孩子最有效的措施。不忽略，不放弃，不特殊化，让班级成为他们公平成长的土壤，他才会忘记自己是个特殊的孩子，是处处被他人攻击、嘲笑、冷遇或需特别照顾的孩子。本着为孩子着想，关心孩子、教育孩子的初衷，家庭、学校、父母、老师采取分工合作及督促教育的模式，力求用爱抚平疾病带给他们的伤害。

8. 监考

文 / 包金凤

一夜雪。

早上，雪停了。走在去外校监考的路上，感觉像外出游玩一般轻松舒畅。一路欣赏童话般的世界，倾听脚下"咯吱咯吱"的声音，仿佛自己也是缀在枝头的一片雪花，晶莹，透亮。

来到一年级教室，天真可爱的孩子们笑嘻嘻地看着我，我也笑眯眯地看着他们。"带着愉快的心情，看什么、做什么都感觉美好。"脑子里突然冒出这样的想法。

指导、检查孩子们在试卷上写完自己名字和学号，开始给他们读题。我读一道，他们做一道。时间充足，我读得很细很慢，等每个孩子都做完后才读下一道。

很快发现，全班28人中，别的孩子做完一道题后，两个小女孩总是完不成。我站在她们身边指着卷子又读几遍题，可她们没反应，都睁着大眼睛看着我。

感到了她们的异样，我柔声问："怎么不写啊？"

"她们不会写！"

"每次考试，她们只考十几分。"

一些孩子七嘴八舌向我汇报俩女孩的情况。俩孩子安静地听着，情绪似乎没有什么变化，习以为常的样子。我心里一紧，制止了孩子们的汇报，继续指导别的孩子读题答卷。

成长虽慢，我陪伴

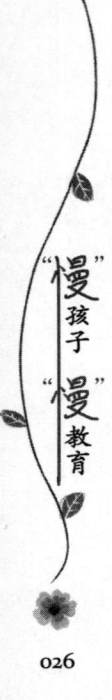

等别的孩子做完所有题，我让另一个老师组织他们检查。我来到俩女孩身边，重新读题指导她俩做题。我自己也不知为什么要这样，只感觉心里有些痛。她们才上一年级，以后还要在考试中经历很多"磨难"。要知道，有些学校一年级的均分有时达到98分，她俩现在只考10多分，如果她们的状态不改变，这样下去，她们真会成为真正的"差生"。

我用手指着题给她俩读，每读完一道，问她们会不会。叫霞的小女孩会一边点头，一边忙着写，虽然写得很慢，却很认真。叫婷的小女孩可能识字量太少了，好些字不会写，显得很惆怅。

用近半个小时的时间，盯着她俩做完好几道题。大概算了算，霞能得70分左右，婷也快及格了。我高兴地夸她俩："你们两个真能干，会做这么多题！"

俩女孩互看一眼，都抿嘴一笑，然后都看着我，眼睛是那么明亮清澈。收了卷子，在其他孩子面前激情地夸了夸她俩，便向她俩再见，她俩也对着我挥手。

下午开考前，我拎着数学试卷进教室。从我进教室，俩女孩就一直盯着我看，我对她们报以微笑，她们也对着我笑，眼睛里充满喜悦。

和上午一样，读到别的孩子做完所有题后，我便开始"辅导"她俩答卷。做数学题，婷比霞强一些。只见她不断举着两只黑乎乎的小手，指头一曲一伸，嘴里念念有词。虽然算得很慢很慢，但答案比较准确。我教她数手关节算，她很快领悟了。

霞不会用手指算，呆呆坐着。看到她会做数数的题，我耐心地把算式在稿纸上改画成小圆圈"加"或"减"的形式让她数，让她算。这招还管用，不一会儿，她做对了好几个算式。我笑着夸她俩都算得很好，可以考出好分数，高高兴兴过年了。

其实，用这些话安慰她们，我心里酸酸的。在这以"成绩论英雄"的时代，也有好多人在说"静待花开"，可是该怎么"静待"呢？如果不对这些"慢孩子"给予特殊照顾，她们怎么会"开花"？

收完卷子，见她俩都瞅着我，我和蔼地问她们："爱学习吗？"

"爱！"婷用很小的声音回答。

霞没说话，点了点头。

"爱读书吗？家里有书吗？"我又问。

"有"婷小声说。

霞还是没说话，又点了点头。

"霞，你爱谁？"为了了解霞的家庭情况，我抛出了这么一个问题。

霞好一阵子不说话，问了几遍，她才开口："奶奶。"

"爸爸妈妈不在吗？"

"爸爸不在，妈妈在睡觉。"

我心里一阵难受。

"婷，你爱谁？"我转问婷。

"我爱你！"婷脱口而出，尽管声音很小。

我震惊。

"为什么？"停了一会儿，我小声问。

"因为你不训人，教我做题。"婷怯怯地回答。

我不禁回想自己才做了多少，就让孩子有了这样的认识，这样的回答。她思维敏捷，应该可以考出更好的成绩。是什么原因让这么可爱的孩子在一年级就只考十几分，这么早就戴上"差生"的帽子呢？

小心翼翼走在通往家的路上，我一直思考着这些问题……

"教育就是爱！爱，就是教育！"

"把孩子要当孩子看！把孩子不要只当孩子看！"

脑海里不断浮现董新民老师的话语，一股信念在心里滋生。

又想到霞和婷，脑海里出现一幅美好的幻象：霞和婷拿到卷子开心地笑，老师和同学们对她俩的进步报以掌声，爸爸妈妈看到卷子上鲜红的成绩，愉快地拥抱她俩……

鼻子里有些酸。

抬起头，夕阳中，远处的雪山朦朦胧胧，显得神秘莫测……

小贴士：

我们该采取什么措施去帮助身边那些最需要进步、最想进步、也能进步的孩子，让他们爱生活、爱自己、爱学习呢？心怀慈悲，你便会真心喜欢上霞和婷这样的孩子。用心陪她们说话、陪她们读书、陪她们玩……哪怕只是一次偶遇，他们也将会对这段美好经历长久记忆！

9. 孩子，老师不愿丢下你！

文 / 李淑兰

辉是二年级的学生。这个班有 55 个孩子，女生 31 人，男生 24 人。男生当中有七、八个不爱学习、懒散、不交作业的，辉就是其中一个。

刚上课的几天，我不明白，明明有的是空座位，为什么辉一个人孤孤单单坐在最后面呢？

课堂上，我让辉读课文，他不会读；让他读生字，七八个生字只能读对两三个。他小小的个子，一头"杂草"一样竖着的黑发，一双小眼睛里藏着一股牛劲，尤其是他看老师的眼神，分明在告诉你：我就是不学，你拿我咋样？我问他语文考了多少分，他不吱声，别的同学说二十几分。我想，辉现在二年级，加强引导还来得及，对待这样的孩子，急是没用的，得想办法慢慢来。于是，我和班主任商议，把他的座位调到最前面来。

记得有一天早上，第一节是语文课。我有意识地调整好心态，带着亲切的笑容走进教室。随着同学们的一声"老师好！"，我回给孩子们一个深深地九十度鞠躬。

"辉为什么只考了二十几分？我想不是他自己的原因，你们看看他那么小的个子，偏偏坐那么远，上课能看清黑板上的字吗？能听清老师讲课吗？咱们让他坐到前面来，行吗？"

"行啊！"同学们异口同声地说。

"我相信辉坐到前面，一定会认真听讲，把每一天的作业都能完成。"我边鼓励边让他坐在了最前面。这时我发现他的脸红红的，显得不好意思了。

辉的奶奶认识我，她见了我就喋喋不休："我家辉娃要麻烦你抓一下，他爸妈把他交给我们管，我和他爷两个年纪大了哪能管得住？唉！没办法……"

"是你们把他惯坏了！今年别让他的父母去打工了，留在家里照看孩子，挣钱是好事，但孩子的学习耽误了能行吗？"我说。

"你说得对，我明年不让他们出去了。"辉奶奶听了连连点头。

接下来的日子里，我有意关照他，别的同学写四道题，他可以写两道；难度大的题他可以不写，写容易的题，以此慢慢培养学习兴趣，让他爱上学习。他的字写得不算太差，我借此经常表扬他。

"同学们，你们发现了吗，辉的字写得越来越好看了！"每次我说他字写得好看时，他的小眼睛会乐得眯成一条缝。

针对辉不良的学习习惯，我是这样做的：有时上课看他如坐针毡，就让他站起来听讲，尽力引导他认真听；让他给大家领读课文，虽然读得不怎样，我和同学们都会给他热烈的掌声；每天晚上的家庭作业，我让他第二天上课之前放在讲桌上，我单独检查，错误的划出来，让他更正、巩固，直到知识消化。

辉的生活习惯也不太好。父母一年四季在外打工，他们总是往家里寄钱，让老人给孩子吃好穿好。有一次，辉的奶奶来学校找老师，说家里的100元不见了，让老师帮忙问问辉拿了没有。据平时观察，辉经常拿钱买零食吃，这是大家都知道的，这次也有可能是他干的。我和班主任想了这样一个主意——给全班同学出了一道题：假如妈妈给你100元，你计划怎么花？让他们写出自己的打算，并写明每样零食的价钱。

结果除了几个算得快的孩子外，辉也很快地把自己的打算写出来了，我们一看就有了线索。数学老师随机表扬了辉的计算能力，没想到他一激动，脱口而出："我经常拿钱买东西，所以知道。"我接着问："你有100元的零钱花吗？""咋没有，我昨天还拿……"他脱口而出，脸红了，头也低下去了。

"你拿了家里的钱是吗？"辉没有抵赖，只是点了点头。

我们把他叫到办公室，耐心给他讲了一番道理。他听后保证："从今以后不会再有第二次了。"

功夫不负苦心人。辉在各方面都有了明显的进步。别的老师说："你们把他怎么教育的，整个人都变了？"我说："没什么，只是给他调了个座位，由后面调到了前面。"

平淡如水的教学工作就这样不知不觉过了一半。辉在期中测试中语文考了67分，数学考了86。发卷子那天，我看到了他脸上的自信与兴奋。我特意表扬了他："你第一次把语文考及格了，真是好样的！大家相信，下次你定会考得更好。"

辉的奶奶见了我高兴地说："辉乖多了，每天晚上趴在饭桌上写好长时间的字，有时还要帮我洗碗，也没有再拿家里的钱。这可真得谢谢你啊，李老师！"

记得中国台湾著名教育家高震东说过："爱自己的孩子是人，爱别人的孩子是神。"是啊，"不独子其子"的确不容易。但是，教育的意义就在"不独子其子"中发生——像爱自己的孩子一样爱学生，和他们一起忧、一起乐，陪伴他们一起前行，分享他们成长路上的点滴快乐。

爱的教育得从一点一滴做起，像绣花那样仔细、那样一丝不苟。我们不仅仅要让孩子们学会知识，掌握技巧，更要用心做到，在成长的路上，不让任何一个孩子掉队！

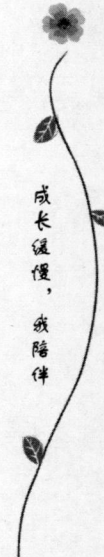

小贴士：

　　教师的工作对象是一个个鲜活的生命。因此，用常规对待每一个学生，往往行不通。像辉一样的学生，急于求成不行，得慢慢来。作为老师，首先，要有敏锐的观察力，善于扑捉这类孩子身上的闪光点并将其作为切入点，及时表扬鼓励，让他树立自信。其次，要有百分之一百二十的耐心，帮助其养成良好的学习习惯。另外，要蹲下身子和他拉近距离，让他感到温暖亲切。只有这样，聪明的"慢"孩子就会"快"起来。

10. 单纯地去爱

文 / 李秋菊

欣怡是这学期来到我们班的,她总是表现出与年龄不相符的沉稳。课间,其他孩子叽叽喳喳,而她静坐一隅,仿佛周围一切与己无关;课堂上,我偶尔幽默一下以活跃课堂气氛,其他同学笑得前俯后仰,她依旧如钟一般纹丝不动,双唇紧闭,面部毫无表情。我无奈,猜想她可能是个留守孩子。但在我明察暗访后知道:爷爷、奶奶疼爱她,爸爸、妈妈也在身边。

一次家校互动,欣怡的妈妈如约来参加家长会。会后,我留下了欣怡的妈妈。在面对面的交流中,她妈妈告诉我:这孩子在家里也是这样。为了生计,她妈妈和奶奶忙于在外打工,晚上回家迟,很多时候都是爷爷陪伴着她,要么爷孙俩无话,要么就是爷爷对孙女喊来喊去,很少有正常的交流。有时和其他人在一起,家长让她问候一下别人,她也是面无表情,她妈妈也感到后怕,怕长此以往,会得抑郁症。

听完欣怡妈妈的讲述,我与她交流了一下我几次和欣怡谈话的情况,说:"我也很为这孩子担忧,原以为是父母不在身边的留守儿童,看来我也错了。"我们最后相约,一起打开孩子的心结,但从哪儿入手,我还一时不知。

记得在上《谁说没有规则》一课时,为了复习孩子们的拼音,我在黑板上写完"guī zé"这个音节后,请会写的同学举手,当一双双小手举起,我看见了欣怡很少主动举起的小手。像哥伦布发现了新大陆一般,我欣喜地叫道:"欣怡,好高兴看到你举起的小手,相信你是胸有成竹,来吧。"果然没让我失望,她一笔一画,既正确又规范地写出了"规则"一词。我大加表扬她一番,孩子们在我的示意下,也报以热烈的掌声,但她依然"宠辱不惊"。我灵机一动:"孩子,你今天表现得这么优秀,让老师对你刮目相看,让同学们对你羡慕不已,面对他们的掌声,你该怎么表示感谢?"她摇摇头。我说:"你给他们笑一笑,也算是表示啊。"她腼腆地稍有笑意。我乘胜追击:"孩子,笑是世界上最美的礼物,笑是最幸福的,你今天战胜了自己,很幸福,来个美美的幸福的笑吧!"我面带笑容看着她。功夫不负有心人,她终于露出了灿烂的笑容。"你们看,笑着的欣怡多漂亮,像一位美丽的精灵!"

周五的晚自习,我兴冲冲地走进教室,准备和孩子们一起订正《语文配套练习》中的错题,可孩子们似乎心不在焉。为了将他们还在课外活动中的思想赶快收进教室,我就大声问"谁想接受老师今天的挑战大关呢?"孩子们一下子来了精神。在搜索目标的同时,我的大脑也在快速地转动,今天该帮扶哪位"学困生"呢?又看见欣怡举起的小手。于是,我走到她跟前,微笑着做了个请的动作,她又是那样毫无表情地慢慢走向讲台,不慌不忙地走到粉笔盒前,慢慢腾腾拿起一支粉笔,又悠哉悠哉地转身站到黑板前,缓缓地写起来。孩子们看看她的动作,又看看我,性急的同学有点蠢蠢欲动了。我示意他们按捺住自己,耐心等待。

终于,"搁浅"一词写完了。欣喜的是她写对了,美中不足的是音节的书写不符合四线三格的要求。我说:"欣怡,我写,你看,一定会有发现。"我写完后,她瞅了半天,才慢腾腾地边观察我写的,边改正自己的。这次她完全写对了,而且书写也比第一次更漂亮。孩子们不由自主地鼓起了掌。

"欣怡，看到自己的进步，开心吗？"我俯身问她。

欣怡点点头，面无表情。

"听到同学们的掌声，高兴吗？"

欣怡点点头，依旧是和年龄不相符的沉稳。

"为了感谢同学们对你的鼓励，请送上你最美的礼物吧。"

欣怡毫无反应。

"记得你昨天的微笑吗？送给自己一个微笑吧，为自己的又一次进步！"

她依然如故。

我无计可施，只好道："我想欣怡对自己今天的进步不是十分满意，认为没有达到自己的目标，她还在思考自己该怎样努力，她想在自己满意的进步时开心一笑。"

在我牵强附会的圆场中，欣怡依然不紧不慢地稳稳地坐回自己的座位，而我的心却揪紧了——怎么今天和昨天的效果不同呢？昨天的努力是不是失败了？今天是不是有点操之过急？我这样一直在不停地思考，不停地追问自己。

有人说过：教育不应该是有功利性的。我不知道我的努力能否让欣怡成为笑靥如花的漂亮女孩！但我不忘初心，坚守我朴实的教育理念——单纯地不带任何功利性地去爱她，帮助她，唤醒她。我相信坚持的力量！

小贴士：

不同性格的孩子表现不同：性格外向者藏不住事，一切写在脸上，也易沟通、交流；性格内向者，一般深藏不露，不善表现，沟通也比较费劲。但教师只要牢记教育是慢工细活，多点耐心，少点操之过急，单纯地不带任何功利性地去爱，去帮助，去唤醒，就一定会有收获。

基础薄弱，我帮助

11. 停一停，等等他

文 / 薛卉琴

第一次月考结束了，文文的语文考了72分。应该说，这个数字又是文文的一个新记录。翻开文文六年级以来历次考试的语文成绩册：45、54、56、63、72。看着这些不断递增的普通数字，半年多来和孩子们在一起的点点滴滴又在脑海浮现。

借调学区工作六年后重返校园，多少有点激动。虽年逾不惑，却壮心不已，立志重拾旧梦，用心育人。看着校园内熟悉的一草一木，竟有点热血沸腾之感。故领导安排接手毕业班时，毫不犹豫，欣然答应，且豪情满怀。怎料丰满理想遭遇骨感现实——我所接手的这个班，是学校有名的"问题班"：学生成绩较差，特别是语文，平均分只有六十几分；学生纪律涣散，大多数学生上课注意力不集中，课堂上不思考、不发言，课后不按时交作业；卫生更是一团糟，桌箱内简直就是垃圾场，废纸、果核、鸡蛋壳、瓜子皮……乱七八糟。孩子们虽然都身着校服，但大多数学生蓬头垢面，邋里邋遢，一点都不精神……

说实话，为了改变这样的现状，我算是用了"洪荒之力"。卫生问题倒也不难，一周之后基本解决。可对于班级纪律和学生学习习惯问题，我是软硬兼施、恩威并重，绞尽了脑汁，使尽了法子，然而收效甚微。我真正体会到了什么叫"积习难改"！后来，我在深入了解了每一个孩子的家庭、学习以及性格等方面的情况后，创设了"你的进步你做主"系列激励机制，并充分利用教室空间资源，进行主题性布置，让教室墙壁"说话"，让孩子们每天看得见自己的进步。还别说，这个方法确实有效，两个月之后，班风彻底扭转。

最艰难的，莫过于孩子们的学习。就语文而言，这个班孩子们的基础很薄弱。汉语拼音不过关，不知道汉字的笔画名称及基本的书写规律；书写潦草，随便凑字画字；没有良好的读书习惯，不会阅读，写作更是他们最头疼的事。

我深知"冰冻三尺非一日之寒"。教育是"慢"的事业，急不得。针对孩子们的实际情况，我只能耐着性子从基础抓起。汉语拼音表上墙，让他们天天读、天天背，耳濡目染；一笔一划教写字，像教一年级孩子一样，让他们背着口诀书写；建立班级图书角，每天十五分钟"阅读进行时"；每周办一期作文周报，相互学习，取长补短；每天坚持积累写作素材，"书不离口，笔不离手"……

渐渐地，孩子们在悄悄发生着变化：课堂上举手回答问题的人越来越多了，读书的声音越来越大了；拖欠作业的人越来越少了，写的字虽然不好看，但越来越整齐了；看拼音写词语，大部分同学能过关了；投给作文周报的稿件越来越长了，"作文新苗""作文能手"越来越多了，"每日素材"的质量越来越高了；教室墙上"谁甘落后"中的"黄牌脸"越来越少了；孩子们对考试的恐惧感越来越淡了……

应该说，文文是这个班上语文成绩最差的学生。他性格内向，书写超慢，上课总低着头，不敢看老师，读书时不肯张嘴，从来不主动回答问题，下课也不怎么和同学们玩。用同事的话说，他是一个"自卑到骨头里"的孩子。要改变他，首要的问题是将他从自卑的泥潭里拉出来，培养他的自信心。多年的教学实践经验告诉我，成就感是培养孩子自信心的最好方式。于是，我千方百计给他创造机会，细心捕捉他的点滴进步，并有意放大，鼓励他前进。

记得第一次叫他在黑板上听写，我念了十个词语，他竟然只写对了一个。其他同学笑着告诉我，文文写字慢，听写总跟不上；他记性不好，记不住东西；还有，他胆子小，老师一提问，就紧张得连话都说不出来，以后老师就不提问他了。看着文文涨红的脸，我知道此刻的他内心充满了慌乱与恐惧。我没有批评，也没有表扬，让他回座位上课。整节课，我都在注意文文的表现。同学们说得没错，我发现每次读课文，当其他孩子都读完时，他还没有读到一半；记录课堂笔记，他最多只能记上三分之一；每遇到老师提问，他都会深深埋下头，生怕老师叫他。

慢慢地，我找到了他"自卑到骨头里"的原因——慢。因为慢，他跟不上其他孩子的学习节奏；因为跟不上大家的节奏，所以课堂中"欠账"越积越多；因为"欠账"多，所以学习越来越差；因为学习差，所以自卑胆小，不敢张嘴；因为经常不敢张嘴，所以越来越内向怯懦……这孩子一直在这个恶性循环中挣扎，承受着孤独和痛苦。

"慢学生"有多种，注意力不集中、智力低下、缺乏兴趣、基础差等等。导致文文"慢"的主要原因是什么呢？在与家长的交流中，得知他曾做过两次脑部手术。就文文的现状看，也不应该是智力问题。不是智力问题，就应该有办法改变。

以后的每堂课，我都会停一停，耐心地等他完成每一个学习任务——读课文，我会让其他孩子读两到三遍等他；课堂笔记，我会守着他一个字一个字写完后再进行下一个环节；每一节课我都会提问他，每次提问，都会给他最简单的问题，鼓励他大声回答。刚开始，其他孩子都不太适应，有些孩子因为着急出现了埋怨情绪。为了不让其他孩子闲着，在等文文的过程中，我也会给他们新的学习任务。慢慢的，文文在课堂中的表现积极了，时不时会主动举手发言，这让我很高兴。当然，他的每次发言，都会得到同学们的掌声。为了给他成就感，我有意识地帮他反复修改作文，并多次刊登在班级《作文周报》上，这让他信心倍增，每天的素材都写得很认真。

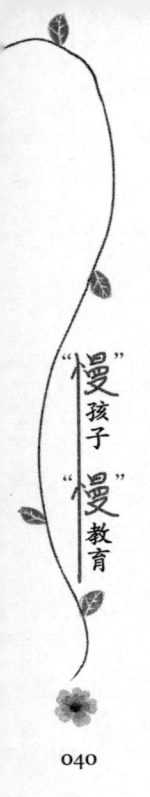

文文已经今非昔比。课堂上他会抢着回答问题；每日素材写完后，还时不时配点小插图；课前的"点兵点将"活动，他会大大方方地讲题；课余时间，也能看见他和同学们一起玩耍的身影……

写到这里，我不禁想起不久前在网上看到的一首小诗《牵着蜗牛散步》：上帝给我一个任务，叫我牵一只蜗牛去散步。我不能走得太快，蜗牛已经尽力地爬……

回想自己的教学生涯，从教二十多年，带过很多学生，其中不乏类似文文的"蜗牛"。然而，我又何曾真正停下匆匆的脚步，耐心等待TA，牵着TA去漫步？我不记得有几只"蜗牛"曾被我的急功近利冷落、遗忘甚至抛弃过！看着文文逐渐找回的自信和阳光，突然觉得很对不起那些曾经的"蜗牛"们，觉得曾经的自己是那么可悲，那么可憎！

停一停，等等TA，牵着"蜗牛"去漫步！这是发自肺腑的箴言，给自己，也给我的同行们。

小贴士：

牵着"蜗牛"漫步，需要一颗真正爱"蜗牛"的心，需要足够的耐心，更需要时时给予"蜗牛"前行的勇气和力量。停一停，等等他，让他感受到真正的关注和尊重。尽可能给他创造表现的机会，捕捉他的点滴进步并有意放大，让他在一次次成就感中不断培植自信。同时，鼓励其他孩子牵着他的手，陪他一起走。

12. 站在国旗下的你，真美！

文／魏春燕

升旗仪式开始，庄严的国歌声中，五星红旗冉冉升起，接下来是国旗下演讲。

听！广播里传来了清脆悦耳的声音，像百灵鸟的叫声一般婉转。看！国旗下演讲的那位同学，娇小的身躯，小小的眼睛，高高的鼻梁，其貌不扬的她，正在用富有感染力的声音和丰富的肢体语言向我们讲述国家扶贫政策给他们带来的幸福。她显得镇定自若，全身心地投入到演讲当中。站在学生队伍中的我，却一直为她捏着一把汗，生怕说错一个词或忘掉一句话。当她顺利讲完，我悬着的心才落下来。待她回到队伍当中，我摸摸她的头，翘起大拇指，迫不及待地吐出三个字"你真棒！"

确实，这孩子今天的表现令我兴奋和自豪。脑海中如电影般闪过四年来的一幅幅画面：

一、走出迷茫

2014年的8月，有缘和这群孩子相聚，一张张灿烂的笑脸让我倍感幸福。逐渐深入的过程中，她成了我心头的牵挂，她在学习上很"慢"，甚至是复韵母一个都不认识，我心急如焚，时不时跟家长交流。但是，家长也无能为力。她是随迁子女，老家在康乐，父母在这边开了一家两元店，她还有两个弟弟。杂货店的生意本来忙，再加上

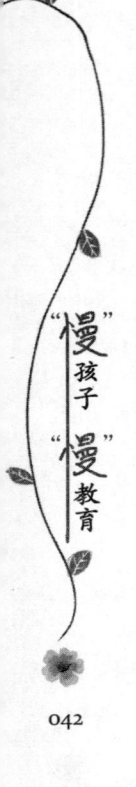

三个孩子，一家也够忙活的。我曾经给她爸爸单独发过信息，让他在家里监督一下孩子的拼读作业。爸爸的回复让我尴尬："对不起，老师，拼音我也不懂啊！"

拼音是她的硬伤，每次提问，她的眼睛里都充满着迷茫。把声母"j"和"d"区分不开，同学们常常笑她。我在课余时常帮她开小灶，一年级第二学期，她突然对拼音理解了，能够将声母和复韵母拼在一起了。她每拼出一个音节，我就变换着形式鼓励。孩子逐渐自信起来，脸上的表情也没那么严肃、忧郁了，偶尔还能看到她快乐的笑脸了。

二、崭露头角

微信群里读书，是我每天晚上的作业。

一天晚上，我看到她发过来的语音，点开以后，似乎有点惊讶，这是她的声音吗？清脆悦耳，抑扬顿挫，一连发了十多条。我不由自主地回复："百灵鸟般的声音，真好听！"

也许，正是这句话，激发了她的上进心。此后，她读书的热情空前高涨，尤其是课堂上读课文的环节很积极。别的同学读不到位时，我会请她示范，虽然很多时候她也对感情把握不准。不过，她悟性高，在我的点拨或范读下，能模仿得惟妙惟肖。

她成了班里的朗读能手以后，迟到现象少了，作业也自觉了，时常跟着我问这问那，积极主动帮班里做事。我们班用的奖励贴、挂钩、磁铁都是她贡献的，她真真切切成了我的小助手。

她的快乐、积极又成了同学们的榜样。在全县少先队辅导员观摩的主题队会的吟诵节目中，她成了最佳领诵人选。

三、特殊家访

这学期开学，她逐渐在各个方面表现都有较大进步，我除了在班级表扬之外，还想抽空跟家长分享一下孩子成长的喜悦。

某个晚上，在回家的途中正好经过她家小卖铺，她爸爸正在收拾杂货。脑子里突然冒出一个念头：去她家家访！

进门一看，她的作业早已完成，正在给弟弟领读课文。妈妈见到我，甚是热情，赶紧招呼我坐下，几分钟时间，从外面提进来了一袋苹果，洗了后硬是塞到我手中。

我说明了来意："孩子这学期进步很快，各个方面表现很好，特来给你们报告好消息。"她妈妈连声道谢，看得出她笑容里有藏不住的欣慰与开心。

不一会儿，她爸爸又提进来一袋香蕉，一再让我吃，如此的热情，我有些不知所措。

临走前，我当着家长的面对她说："国旗下演讲快到咱们班了，我想让你去，愿意吗？"孩子高兴地回答："愿意！"

热情的妈妈硬是将一袋苹果和香蕉塞在了我手里，不停地说着感激的话，我再三解释自己不能带。她还是不肯，让孩子帮我提一段路，送过来。尽管最终没有收，我还是被她的真诚所感动，这分明是家长的一颗感恩的心啊！

四、蓓蕾初绽

接受任务的日子里，课余时间走进教室，经常看到她认真朗诵稿子的情景。其余孩子在玩耍，她全然不见，眼里好像只有那几百字。我也被她的这种责任心感动着。

听过一遍后，给她进行了适当地指导，语气、重音做了强调。

升旗仪式开始了，我的心跳加快。国旗下演讲是一件很神圣的事，生怕她有一点闪失。队伍集合后，我又走到她跟前，悄声问："紧张吗？"她摇摇头，嘴一抿，露出一排洁白的牙齿："不紧张！"她是那样的自信，看到她胸有成竹的样子，我的紧张感缓解了。

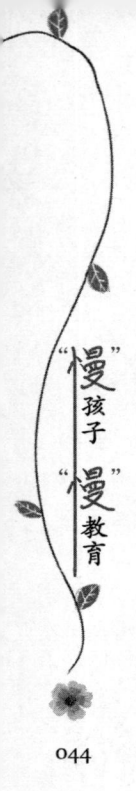

"第三项,国旗下演讲。"主持人说完,她小跑步来到话筒前:"尊敬的各位领导、老师,亲爱的同学们,大家早上好!"接着是一个标准的队礼。她用平缓沉稳的语调向我们讲述政府的"精准扶贫"计划,联系学校实际指出了同学们对营养餐的浪费,发自肺腑的言语,让在场的同学心灵为之震颤。她成了全校师生关注的焦点!我欣赏着她抑扬顿挫的演讲,不禁从心底里冒出几个字——"站在国旗下的你,真美!"

这次演讲得到了校长的表扬,看着她泛红的、带着微笑的脸颊,我俩相视一笑。

她,就是我们班唯一的少数民族女孩——瑞。经过这次洗礼,愿她学会更加严格要求自己,能发挥先天的嗓音优势,树立并追求自己的人生目标。

小贴士:

每个孩子都有自己潜在的能力,学校教育的目的在于全力发掘每个学生的潜能,使每个教育对象的精神生活都丰富起来,并充满生机。怎样去发掘潜能?怎样去引导发展?不同的生命个体,有不同的教育方法,研究孩子,走进孩子的内心,和TA一起成长,才能帮助其找到自我。

13. 难忘，那双大眼睛

文/魏春燕

每次走进教室，目光不由自主地会落在一张空着的课桌上。原本49人的班，这学期成了48人，起初，多少有点不适应。很多次，大脑里会断断续续浮现国的身影：大眼睛，双眼皮，高鼻梁，一对向前扣着的招风耳——一个帅气可爱的小伙子。

一年级分班，他成了我的学生。可以说，他是所有男生里面眼睛最大的。每次上课看着他的大眼睛，总会心生喜爱。然而，随着我对孩子们的深入了解，慢慢发现那双大眼睛里没有孩子应有的快乐。上课坐得端端正正，却连最基本的笔画都学不会，每次嘴巴里念着"横"，手里却写着"竖"。与家长进行了沟通，才知道他是留守儿童，由爷爷抚养。爸爸妈妈在新疆打工，一年只有过年的几天才回家。

接触时间长了，发现他的大眼睛里装的泪水比其他同学的多许多倍。作业不会写会哭，字不认识会哭，家庭作业写不完问其原因也哭……只要提到他的不足，嘴一瘪，眉头一皱，眼泪吧嗒吧嗒往下流。看着孩子流泪，我只好同情地摸摸他的头，告诉他，男孩子一定要学会坚强，不能天天哭鼻子。

不过，这孩子也有快乐的时候，那就是爸爸妈妈打工回来的那段日子，他来学校会穿一套很时尚的新衣服，脸上挂着从未见过的笑容，和同学们在一起打打闹闹，孩子的天性尽情显露。穿上新衣服的

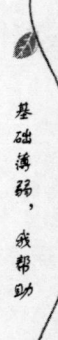

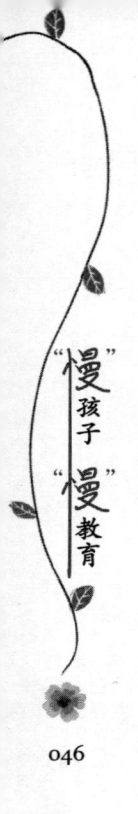

他，像变了一个人，作业能按要求完成了，家庭作业整齐多了。我不由得感叹：留守儿童多么需要父母的爱呀！

　　三年的时光，我尽自己最大的努力去帮助他。因为基础薄弱，国接受知识相对较慢，我抽空给他开小灶。拼音是他的拦路虎，声母、韵母、整体认读音节一塌糊涂。晚上布置拼读的作业他从来不读。无奈，早自习我教他拼读。谁知，我的这份关爱倒成了他的压力。他一副战战兢兢的样子，有错误给他纠正时，照例又是眼泪汪汪。为了避免给他造成过度的紧张，只能找小老师给他领读。

　　时光在忙碌中流走，他的学习一直居后不前。开始学习写作文了，他写出来的句子口语化严重，很难读懂。我知道，写作能力的提高不是一蹴而就的，更多的是积累与熏陶。每期周报点评，时不时找他来发言，不知不觉，他的习作水平提高了。他有进步我就大力表扬，大眼睛里也渐渐充满了快乐。

　　四年级第一学期的家长会上，征求订校服的意见。国的爷爷说，家里准备集体搬迁，国可能要转学去新疆，不再订了。一听这话，心有不舍，一起相处了三年多，有感情了。转念一想，迁移户口的事有时候也并不是说迁就迁的，说不定他不会走。

　　期末考完试他和爷爷来到我的办公室，说要填表办手续。我的心头涌上一股不舍与难过，顺手从桌子上拿起两本书——《蓝鲸的眼睛》和《有老鼠牌铅笔吗》送给他作纪念。我摸着他的头嘱咐他："去了一定要好好学习，听爷爷、爸爸、妈妈的话。让爸爸不要退群，想同学了可以随时交流，有空回老家了，记得来看老师和同学……"不能再说下去了，眼泪在眼眶里打转，我不能将这种情绪带给孩子。他接过书，忽闪着大眼睛，轻声说，"谢谢老师！"我、数学老师和他在教室留下了最珍贵的记忆。

　　开学了，教室里空着一张桌子，想着把他搬出去交给总务处，但搬过之后，七行七列的排列显得不整齐，又把它放在了最后的位置。

看着那张空桌椅，想念他的情绪更加浓郁，于是请他爸爸拍几张照片发群里。照片上的他正在扫地，崭新的衣服和鞋子，看上去充满了活力。他低着头，看不见那双大眼睛，但是能感受到他的快乐。我回复了一句：生活在父母身边的孩子是多么的幸福！

陪伴是最好的教育。有父母在身边的日子是甜蜜的，相信那双大眼睛里不会再有留守的孤独、寂寞与无名的泪水！

小贴士：

对于农村留守儿童，大多数老师心底有无法释怀的痛。"陪伴是最好的教育"，留守儿童，谁来陪伴？老师的爱能不能代替家长的爱？留守的过程中，老师应该怎样和家长沟通，才不让孩子感受到孤独？这一系列的问题，值得我们每一个人思考。

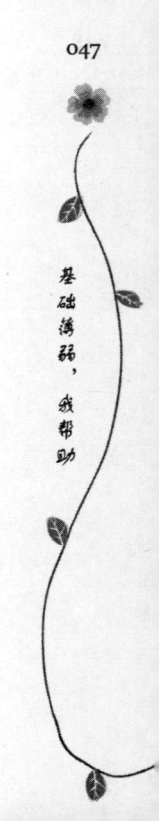

14. 宇儿

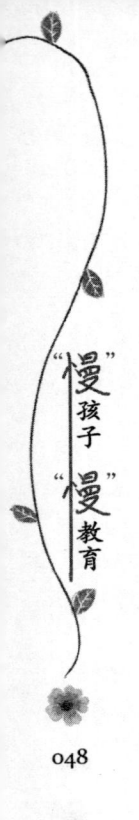

文 / 王旭红

有人说：每个孩子都是上帝的宠儿。无论他是聪慧过人，亦或调皮捣蛋，还是腼腆胆小，他们都是这个世界上独一无二的小天使，都应该被关注、被爱，在关爱中幸福地成长。

期中考试过后，我的一年级班上转来了一位山东小男孩，名叫宇儿。他圆圆的脸蛋上嵌着一对小酒窝，一对水汪汪的大眼睛，给人一种天真而腼腆的感觉。

一节语文课上，我问宇儿："你语文考了多少分？"他低下头，没有回答我。我蹲下身子，抚摸着他的头说："考得好与不好都没关系，我们慢慢来，好吗？"他只是点了点头，但眼睛没有正视我。直觉告诉我：宇儿的学习可能不好。

他来的第一节课，我教生字"口"。我先出示"口"的拼音，让宇把它拼出来，他却拼成了"ko"。他只认识单韵母，不认识复韵母，把复韵母也当单韵母来读。更叫人不可思议的是，他把韵母的四个声调分不清楚。我把"kou"这个音节给他领读了几遍后，就教"口"字的笔顺，我问："哪位小朋友会写这个字？"宇儿举起手说："老师，我会写。"我叫他到黑板上来写，只见他把口两笔写成了。通过"口"字的拼读和书写，我发现他不仅不会拼音，而且写字也不按"笔画顺序"来写。宇儿根本跟不上班上的其他同学！我开始犯难了——从哪儿开始给他补呢？思来想去，还是从拼音开始吧！

我下决心给他开"小灶"了。在课堂上练写字时,我发现宇儿写字和握笔的姿势都不正确。

我首先教他规范的写字姿势——"胸离桌子一拳远,眼离书本一尺远,手离笔尖一寸远。"然后手把手地教他如何握笔,如何一笔一画地写拼音,如何在田字格里写生字。

开始他对我的要求有点不适应,我坐在他旁边他就写,如果我不在,他宁愿静静地坐着,也懒得动笔。有一次我问他:"你怎么不喜欢写字?"他说:"按'三个一'的要求写字,我的手疼,还写得很慢。"哦,我明白了。他错误的握笔和写字的姿势已成了习惯。我开始陪他写,从写简单的生字开始。我先手把手教他写两遍,然后让他自己再慢慢写两三遍。我就这样陪了他一周多,发现他会正确地握笔了。后来慢慢地给他"加码"——从手把手到放手,从一个生字到多个生字……

两个星期后,宇儿能够自己在田字格里写生字了,虽说写得很慢,但能按字的笔画顺序来写,且写得比较规范。

他的模仿能力很强,我只要题了字头,他就会一笔一画地去照着写一行,写得很认真,也很漂亮。每次写完,我都给他画 100 分,还在全班同学面前表扬他一番:"宇儿进步很快,他很认真,你们看看,他的字写得多漂亮啊!和老师的一模一样!"这时,聪明的孩子们都为宇儿拍手叫好:"小宇儿你真棒,我要和你一样棒!"每到此时,宇儿总是一副乐呵呵的样子。每看到他那可爱的模样,我会情不自禁地蹲下身子,看着他的眼睛说:"宇儿是好样的,你一定要加油哦!"他便静静地看着我,一双圆溜溜的眼睛里满含着快乐。

一天课间活动时,我组织孩子们做"猫抓老鼠"的游戏。发现宇儿不在,我就去教室找他。推开教室门,只见他一个人正坐在那儿,聚精会神地写着什么。走近一看,我惊呆了:他正在写我当天布置的一页生字,还剩两行就写完了,字迹十分工整。要不是我亲眼看到他

写字，我都无法相信那字是他写的。他的举动让我很感动，我笑着问他："这一页字你写了多长时间？"

他看了看我说："从中午一直写到现在。"看着他可爱的样子，我不由得将他揽入怀里，抚摸着他的脸蛋问："谁让你这么做的？"他说："我自己想这么做。老师，我要和同学们一样！"听了他的话，我的鼻子酸酸的。

我拉着他去做游戏时。我让宇儿当老鼠，他很乐意。游戏开始后，他真是眼疾脚快，钻"洞"的速度快得惊人，三只"猫"都无法抓住他。在同学们"小老鼠，快快跑，我们的这里没有猫……"的喊声中，他钻来钻去。当他获胜时，兴奋地拍着小手欢呼雀跃。

上课了，我和孩子们一同走进教室。我拿着宇儿的生字本，让同学们仔细看，然后猜猜这是谁写的字？大家你看看我，我看看你，都猜不着。我故意问宇儿："宇儿，你猜猜是谁写的？"他有些害羞地小声说："是我写的。"同学们都异口同声地发出"啊——"的尖叫声。我告诉大家："这是宇儿今天写的作业，他花了好长时间才写成的，你们看看，漂亮吗？"孩子都说："漂亮！"我又说："我们的小宇儿进步很快，从今天起，我对他的要求就和你们一样了，他要和大家一起学习。他很聪明，很诚实，很认真，很踏实。希望同学们都能帮助他，相互关爱，好不好？"大家异口同声地喊道："好！"接下来，我当着大家的面，给他奖励了一个漂亮的笔袋。

一天下午放学时，我碰到了宇儿爸爸。他高兴地对我说："王老师，我家宇儿进步很快，真是辛苦你了！他很喜欢你。"我说："是孩子聪明，他习惯很好，我们一起为孩子加油！我相信他下一学期一定能赶上其他孩子的，说不定还会走到前面去。因为宇儿很踏实，我也喜欢他。"

功夫不负有心人，宇儿在期末考试中，语文86分。这个成绩和别的孩子相比是有一段距离，但我已经很满足了，因为他已经上了

"轨道"，最起码他掌握了所有的拼音，能在田字格里认认真真地写字了。

严冬过后，就是春光明媚。在新的一年里，我要和我的孩子们一起来帮助这个腼腆胆小的宇儿，让他在大家爱的雨露里茁壮成长。

小贴士：

老师的天职就是以一颗天平之心去对待每一位孩子。对于基础薄弱的孩子，老师要悉心寻找薄弱的源头，哪里有欠缺，就从哪里入手查缺补漏，用爱心和耐心帮助他，抱着"从头来"的思想，"手把手"地教，才能达到预期的效果。

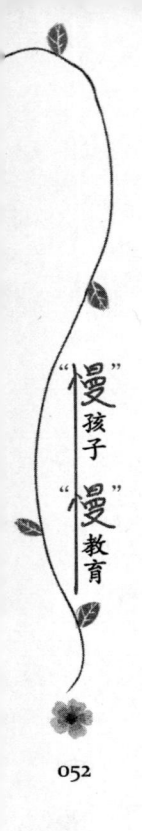

15. "慢"生需要"慢"教

文 / 王旭红

军是我去年接的一年级新生。他憨憨的、傻傻的，像个小跟屁虫一样，时时跟着我，那张小嘴巴总是说不停。由于他口吃，说话结巴，我始终听不懂他在说什么，但我觉得他应该是一个天真烂漫的小天使。

在上课的过程中，我慢慢发现：军好动，但思维反应迟钝，惰性很强，每次作业都不能按时完成，并且脏、乱、差他都占全了。为了能使他完成作业，在无计可施情况下，我只有放学后把他留在身边，亲自督促他完成作业。

为了给家长说明我的想法，我专门去军家进行家访。迎接我的是军年迈慈祥的奶奶。一进大门，看到侧面有个大花园里五颜六色的秋菊绽放着，蝴蝶在花丛中跳着舞，蜜蜂唱着歌，好热闹！土院子打扫得干干净净。走进土木结构的房子，看到用红砖铺砌而成的地面也被拖洗得润红润红的。好舒适、温馨的一个农家院落！

在和军奶奶交谈的过程中，得知他爸爸常年外出打工，地里的活全靠爷爷和妈妈干。奶奶要接送他上学，还要料理家务。军爸爸只有小学文化程度，妈妈没上过学，连钱都不认识。军还有个上初中的哥哥，学习也不好。军在家里除了玩耍还是玩耍，没人辅导他完成作业。

我把想法告诉了军奶奶："我想让军每天放学后留下来，辅导他完成拖欠的作业，然后我送他回家。"听了我的话，奶奶高兴得合不拢嘴，感谢的话说了一大堆。

从那以后，军就成了我放学后辅导作业的学生之一。

军写字速度很慢，很多字不按笔画顺序来写，我只好手把手教他写。有时他懒得写了，就向我撒娇："老师，我的手好疼好疼吆！我能休息一下吗？"看着他那可怜样，我只好让他玩一会儿再写。

他的模仿能力真的不错，每次给他题了字头，让他看着我题的字头写，他会写得很漂亮，只是速度很慢。我知道，写字也是需要下功夫的，只要我有耐心陪他写，时间长了，他就会写快的。每次只要他的字有一点点进步，我就给他画个大大的100分，还把他写的字在全班同学面前表扬一番，然后贴到学习专栏里去。每当他受到表扬时，那小脸蛋就像一朵含苞待放的花。

读课文是他最困难的事，吐字不清、结结巴巴，总惹得同学们哄堂大笑。每次遇到这种情况，我就立即给他解难，"军进步很快，他能读下来了呀，且声音很洪亮，我相信他下次一定比这次会读得更好的。同学们把掌声送给军吧！"当同学们热烈的掌声响起时，他就傻傻地盯着我笑。

就这样，军在我的鼓励和帮助下，在同学们的笑声和掌声中慢慢成长着，习惯越来越好了，他的字不但写得漂亮了，而且书写速度也越来越快了，作业本也变得整洁了。

他接受新知识的能力很差，记忆力也不好。新课文读不下去时，我只好一遍又一遍地给他领读。他好动，我在这边领读，他就会心不在焉地在那边东张西望。每到这个时候，我就让他出去玩一会儿。他高兴地跑出我的办公室，一个人在那里自言自语，我听不懂他在说什么，但我能感觉到他玩得很开心。玩了一会儿，我就叫他回来，又不厌其烦地一遍又一遍地给他领读课文，直到读会为止。

功夫不负有心人。通过我耐心地辅导，他的朗读能力有了提高。

每当他能流利地读完一篇课文时，我就像打了一次胜仗一样，心里乐开了花，情不自禁地抚摸着他的头说："军真棒，是老师的骄傲！"每每此时，他就会憨憨地笑着说："老师，你真好，我爱你呕！"我也会高兴地回应："老师也爱你呕！你真的很棒啊！"看着他那自信的表情，我真的很幸福！

只要有付出，就一定有收获。军现在学习、生活习惯都越来越好了，写一笔漂亮的字，也成了一名合格的小学生。这学期开学典礼，他站在了领奖台上，领到了"进步学生"奖。

军的故事再次告诉我：十根手指有长短，学生亦如此，不能一刀切，更不能心急。"慢"学生要"慢"教育。"慢"孩子的起步的确有很大困难，在教给他知识的同时，还要顾及他的习惯和能力的培养。因此，教师必须要有足够的爱心和耐心。只要坚持不懈，只要耐心守候，"慢花"总会有开放的那天。

小贴士：

十根手指有长短，每个孩子的学习能力不一样，所以，学生不可能随着教师的指挥棒发出同一个音符。要使每位学生都能健康幸福地成长，教师就得把爱细化到每一位学生身上，找出学生的自身问题——他"慢"在哪里？再去解决"慢"问题。教育是慢的事业，要因材施教，不能急于求成，更不能揠苗助长。

16. 孩子，请慢慢说

文 / 王福琴

不知是自己上了年纪，还是现在的生活节奏太快的缘故，如今特别迷恋"慢生活"。话要慢慢说，书要慢慢读，车要慢慢开，饭要慢慢吃，学生要慢慢教！慢下来，才能欣赏一路风景！

今天的课堂中，我享受到了"慢"带给我的快乐。

学习新课《四季》。听读课文，认读生字，书写生字，每个环节都井然有序。到了课文的拓展环节——"仿照课文说一说"。我问道："四季除了课文中写到的景象，你还知道哪些呀？"

这一问如在平静的湖面丢进了一颗石子，激起了无数波澜。我环视了教室一圈后，欣喜地发现小伟也举起了手。从开学到现在，小伟举手发言的次数屈指可数，我连忙请他来回答。小伟站起来，由于紧张，两只小手互相紧握。好半天，他狠狠咽了一口唾沫，嘴里蹦出两个字儿"春天……"随后又说不出话来。

"嗯……嗯……"小伟不停地咽着唾沫。

此时，安静的教室开始躁动了：有的孩子开始和同桌窃窃私语，有的斜倚在座位上看着他，更有甚者站了起来，趴在桌子上高举右手大喊着"我来说！"课堂秩序一片混乱，看到这情景，我心里很急，真想叫他坐下换另一个孩子来回答。可转念一想，他今天好不容易举手了，一定要让他战胜自己。

我拍拍手示意孩子们安静下来，微笑着说："让我们把掌声送给

小伟,请他慢慢告诉大家好不好?"

"好!"

"一、二、三,你最棒!"

孩子们清脆的声音也安抚了我急躁的心,我伸手摸摸小伟的脑袋并俯下身子轻轻说:"孩子,请慢慢说。"

受到我和大家的鼓励,小伟镇定了许多,再次咽了咽口水,大眼睛专注地看着我大声说:"春天来了,柳树发芽了,小花都开了!"他一口气很连贯地说出了这些话后,腼腆一笑。听了他的回答,我很欣喜,原来他也可以说出这么好的句子!我连忙奖给他一朵小红花,并发动所有孩子再次鼓励他!他的小脸涨红了,眼睛里露出了自豪的神色。后面的"仿写诗歌"他更是如打了鸡血一般兴奋,而且妙语连珠。

太阳炎热,

他对知了说:"我是夏天。"

雪花飘飘,

他对小草说:"我是冬天!"

……

听着他的回答,孩子们露出欣赏和赞许的目光!我也改变了对他的认识,原来,他并不如表面那般憨厚迟顿!只是,长久以来,我没有足够的耐心给他表现自己的机会。

小伟的激情更是激发了所有孩子的想象力,大家的仿写精彩纷呈。

柳树青青,

他对小鸟说:

"我是春天。"

雪糕凉凉,

他对小朋友说:

"我是夏天。"

西瓜甜甜,
他对小朋友说:
"我是夏天。"

裙子飘飘,
他对小姑娘说:
"我是夏天。"

雪花飘飘,
他对大地说:"我是冬天。"
……

听着孩子们富有童趣的语言,看着他们因为兴奋而涨红的小脸,我从心底里涌起一阵幸福。
慢下来,真好!

小贴士:

"孩子,请慢慢说!"在平常的教学工作中,对待"慢孩子",首先,我们要具有一双善于发现的眼睛,及时发现慢孩子身上的闪光点,捕捉他们积极的瞬间,并以此为契机,给他们机会,让他们也能参与到学习活动中。其次,要放下急躁,遵循他们的节奏。在教学中让他们慢慢来,拿放大镜看他们的进步,并对其及时表扬、耐心鼓励,使其获得自信。慢下来,这些孩子一定能绽放出生命的精彩。

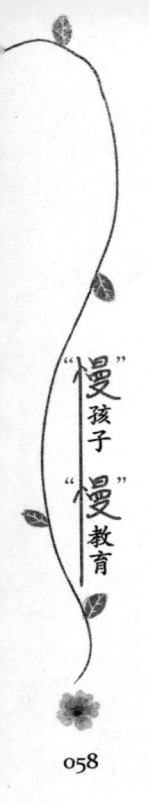

17. 寻找教育的契机

文／李秋菊

技能组的活动——四、五、六年级的足球赛如期举行。

中午放学时，得知信息的小家伙们满脸写着开心，蹦蹦跳跳，喜不自胜。站队时，小脑袋还抵在一起商量着服装。看着他们机灵又"傻傻"的模样，觉得此时的他们，脱离了作业的烦恼，竟是那般可爱。

到了活动时间，急不可耐的他们一听到下课铃声，马上像离弦的箭一般冲向操场。我随后赶到时，孩子们已经全副武装——穿上了校服里配套的短袖。看着下午变阴了的天，我怕他们在这乍暖还寒时节感冒，督促他们把里面的衣服穿上，可他们异口同声地说："不冷。"此时，我看到了晨，他上周因感冒未到校，再想想他上学期因生病一个月未上课，看着他瘦弱的体质，我可不能马虎——

"晨，你感冒刚好，还是不要参加了吧？"

没想到他的脸马上"晴转阴"，看着同伴犹疑了半天，小声说："没事，我的病好了。"

"你这周操都不能跑，行吗？"我替他担心。

"老师，他是守门员。"

"老师，他很重要，让他上吧！"

"我们足球队训练时，他是守门高手。"

……

七嘴八舌的求情声不断，看着孩子眼巴巴望向我的祈求眼神，我也犯难了，难得孩子们尽兴玩一回，可他的身体，万一又感冒了……

此时，恰好作为裁判的数学老师来了，他也是兴趣小组足球队的训练队长，我征求他的意见。

"没问题，让晨上吧，守门员不需要剧烈运动。"

我只好同意。

一声哨响，球场上两队队员生龙活虎，你争我抢，球在他们脚下被运得团团转。两班啦啦队员的喊声也此起彼伏。

"进了！"

"进了！"

"哇，一班进了一球！"

我班孩子高兴地击掌庆贺。

我的目光也激动地追随着队员们的身影。此时，守门员晨猫着腰，两腿叉开，双手搭在膝盖上，眼睛虎视眈眈地瞅着前方，完全是进入警戒防守状态，俨然一个训练有素的小战士，好帅气！好精神！好机灵！突然一个飞球，他向前一个漂亮的猛扑，死死地抱住了足球，赢来阵阵喝彩，他得意地一笑，然后一个漂亮的传球。看着英姿飒爽的他，我思绪翻涌。

三年级接手这个班时，我翻看成绩，晨的语文和数学都不及格，而且二年级的语文他也只考了三十多分。再听前任老师的介绍，对他的教育似乎很难。经过几日的观察，发现他并不是那种顽皮的孩子，甚至还有点腼腆和内向，他的作业书写极乱，中国的方块汉字在他的笔下被支解得缺胳膊少腿。拼音更是一问三不知，写词语、注拼音的作业，他"全军覆没"。看到这种情况，我上课时经常将他请到黑板上写字，督促指导。平时分座位也给他调配好学生辅导，每天都有同学结对"帮扶"。大家齐心协力地帮助他，可他依旧不思进取，隔三差五不交作业。追问时，一次次保证得很好。但说归说，做归做。看他这样，我有时真想打退堂鼓，但想到教师的责任，想到李镇西老师的话语"教育者应该容忍'后进学生'的一次次'旧病复发',又继续充满热情和信心地鼓励学生一次次战胜自己,并引导学生从自己犯错周期的逐步延长或者错误程度的逐渐减轻的过程中,看到自己点点滴滴的进步,体验进步的快乐,进而增强继续进步的信心。"我告诫自己,稍安勿躁,"慢"孩子,需要"慢"教育。

回想他学习的吃力、拖拉、难以进步,再看他足球场守门时的专注、精神,我似乎看到了转变他的契机。记得有人说过:教育不只是有爱,还需要尊重。用肯于付出的耐心,再和班干部商讨合理的"帮扶计划",抓住他做守门员的认真,敢于拼搏大加表扬。相信利用好这"契机",尊重他的爱好,我一定会牵着他的手,自信地步步前行!

小贴士:

对待学习有困难,但在其他方面表现突出的孩子,要学会尊重和欣赏。要善于抓住教育契机,懂他,关心他,在不离不弃地坚持中,引导其改变。另外,结对帮扶的同伴教育,也能起到一定的作用。

18. 不离不弃的修行

文 / 李秋菊

"阿门阿前一棵葡萄树／阿嫩阿嫩绿的刚发芽／蜗牛背着那重重的壳呀／一步一步地往上爬／阿树阿上两只黄鹂鸟／阿喜阿喜哈哈在笑他／葡萄成熟还早得很哪／现在爬上干什么／阿黄阿黄你不要笑／等我爬上它就成熟了……"

哼着这首熟悉的儿歌，心中满满的幸福和喜悦，不为黄鹂的美丽歌喉，只为蜗牛的那份永不放弃的恒心和追求目标的坚守。

在这科技发达、竞争激烈的时代，教师的生活节奏，也堪比陀螺。但静下心来细想"十年树木，百年树人"，说的是怎样的道理？"百年"虽是虚数，但言下之意是教育要"慢"，尤其是当我们遇到所谓"问题重重"的"慢"学生时，我们更要有耐心"慢"行，不然，内心的遗憾会时时吞噬你的心灵。

2010年，班上转来了一位1998年出生的孩子伟伟，本已上四年级的他，望子成龙的家长却硬是报到我的班上（二年级）。年龄比同班孩子大很多，个头也是"鹤立鸡群"。孩子们的无知说笑，让他无所适从。我抽空和他谈心，并在班会上给其他孩子讲道理后，一切都变得正常了。但慢慢发现，伟伟不光写字慢，连最基本的字会写的也不多。我放宽了对他的要求：作业可以迟交，但必须认真写好。还抽空教他认识一年级所学的生字。就这样，他每次考试也只是三十分左右，但我一点也不为他的成绩着急，能学多少就学多少，每位学生的学习能力是不同的。

然而，到了四年级第二学期快放假时，没有任何征兆的他死活不肯上学了。我和家长好说歹说都无济于事，最后，我劝家长：让孩子在假期静一静吧！

五年级开学仍不见他来报到，我便请来家长，让他们动员孩子上学，但还是没有效果，家长显得很惆怅。我也是母亲，我理解家长的心情。后来，我和全班同学商量，写了一封言词恳切的劝返信，孩子们在信的背面签名并写了简短的话语。

"精诚所至，金石为开"，他终于背着书包返回了大家庭。虽然没有可喜的成绩，但家长心安了，孩子也完成了他的小学学习。在学校，无论是为人处世，还是点滴知识，或多或少他都有所收获。在成绩定论教师业绩的毕业考试中，虽影响了全班的合格率，但没有影响孩子的成长，我心安矣！

《教育是一场修行》中讲述"教育是一次长途跋涉，是一场旅行。有风景，有荆棘，有得意的温暖，有失意的灰暗。它，是一场灵魂的修行。"

今年，因学校的合并分流，成绩中上的学生都被划转到首阳二小去了，剩下的孩子加上划拨来的孩子，要从中挑选出一个优秀的学生，还真不容易，可以说是一个标准的"慢"班。我不能以"有效课堂"的标准去完成教学任务，因为有诸多的问题困扰着我。但静下心来，制定适合孩子们的"慢"办法，放"慢"脚步，降低要求。我相信，孩子们会在"慢"中收获为人之道，收获生活之理，收获点滴知识。

"慢"不是懈怠，"慢"是一种平心静气，"慢"是一种不求回报的心态。《教育是一场修行》中曾提到"既然，我们面对的就是孩子，做的就是这样一项育人育心的工作，烦琐在所难免，不如看淡他们的是非对错。而做到这些，绝非易事，它，需要修行。"

"慢"教育,是一场不离不弃的修行。爱,请深爱!教,请全力以赴!

小贴士:

《龟兔赛跑》的故事,家喻户晓。当兔子在嘲笑乌龟慢而睡大觉时,乌龟在坚持不懈的"慢"中夺得金牌。但是,当我们遇到"慢"孩子时,孩子也可曾和乌龟的心理一样呢?教师如何引导家长正确对待自己的"慢"孩子?学校单纯以成绩评价老师时,是否也要关注那些特殊的"慢"孩子?

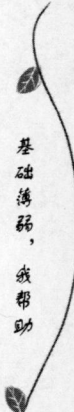

19. 竞争的力量

文 / 刘艳艳

刚接手这个班级，鹏和博长得很像，我总是分不清。他们个子都小小的，脸型一样，都有一对小眼睛，我上课经常指着鹏叫博，又指着博叫鹏，惹得同学们哈哈大笑。经过一段时间的接触，我发现这两个孩子的学习都不好。原因也是多方面的，基础差，反应慢，家庭不重视孩子的教育，习惯也不好。

接下来的时间，我有意把他俩放在一起，早自习比赛背诵课文的重点段落，上课比赛听写生字，下课一起比赛游戏。谁如果赢了，就大大的奖励，这招还真管用，鹏在这次期中测试中语文考到八十几分了。平时书写也工工整整，上课听讲更是认认真真。

一次课上，我照例把他两个叫到黑板上听写词语。对于基础差的孩子来说，我一般听写的都是很简单的词语，重在增加他们的自信心，也让他们感受到老师对他们是很在乎的。他们俩拿上粉笔准备好，我让鹏写"顽皮"，让博写"玩具"。一会儿，鹏在黑板上用漂亮的粉笔字写出来了，同学们把最热烈的掌声送给鹏，孩子的喜悦，自信全都写在了脸上。我也把讲桌上的铅笔、橡皮、尺子作为奖励品，奖给鹏。而博却不会写，明显看出来，他已绞尽脑汁。一段时间之后，鹏的学习劲头更足了，上课常看到他高举的小手，大声的朗读，自信的表达。

鹏的进步刺激到了博的情绪，当博看到和他学习差不多的鹏受到表扬时，他的表情和反应告诉我，他很不开心。

在那天的循环日记中，鹏写到他受到老师和同学们表扬后的感受，比吃了蜜还甜。而博写到当他看到和他学习差不多的鹏受到老师和同学们夸奖时，心里难受极了，恨不得有个老鼠洞让自己钻进去。还说他发誓要认真听讲，好好学习。

是呀，各个方面差不多的孩子，当看到同伴的进步，大家给鹏送去掌声，老师的夸奖、激励，这对博来说也真受刺激。但我看到博的动力了，因为他早上刚一到校，就迅速地掏出语文书，按照老师诵读的要求背起来。我相信这是他自主学习的力量，这力量源自于一颗超过同伴的好胜心。

有时候，博的字写得乱时，我故意让他看鹏怎样写，写得怎么样，并且认真看他是怎样写的。练习册中有不会写的词语时，我让他去看看鹏会写吗。

我知道这样同伴间的刺激比老师们苦口婆心地反复强调效果要好，因为这样一来他自己就想着要认真学习，超过同伴。也想得到同学们的赞扬、老师的鼓励，更多的是他还"害怕"同伴异样的眼神。

学习只有内驱力起作用，自己主动学习，才会有效果，孩子才会有进步。

自那以来，我明显看到博学习上主动了，把学习当成自己的事了，还有时偷偷地看鹏做什么。每每看到这一幕，我喜在心上。孩子毕竟是孩子，他们比赛的样子最可爱。

周三上语文课，我看到博上课认真听讲，一对小眼睛一会看看老师，一会看看鹏，时时和鹏进行着比赛，我走下去摸摸孩子的头，悄悄地说了声："你这周比鹏努力多了！"孩子竟然大声说："谢谢老师！"那声音，那么响亮，那么坚定。

按照大课间的老规矩，谁本周积分高，我便和他打乒乓球。就这两天，我还特意教博打乒乓球，教他怎样发球和怎样接球。博会接乒乒球了，他的笑声满校园都能听到，那么爽朗，那么开心！这是我第一次听到这孩子的笑声。

作为老师的我们，看到孩子们认真学习的那股钻劲，开心玩耍的那份快乐，何尝不是最幸福的呢？我们要承认孩子们不管是在智力还是能力上是有差距的，但只要孩子在自己的能力范围内尽力学习，把自己的潜力都发挥出来！

小贴士：

每个孩子的内心都有超越同伴的想法，特别是想超越和他学习、习惯、成绩差不多的孩子。基于这样的心理认同，把两个"慢"孩子放在一起，让一个孩子的进步去激发另一个孩子的学习欲望和动力。这样的"有意刺激"，让两个孩子都挖掘自己的潜能，主动学习，真正把"要我学"变成"我要学"。学习只有内驱力起作用，自己主动学习，才会有效果，孩子才会有进步。

20. 帮孩子"摘掉"差生的"帽子"

文/何菊红

产假结束了,这学期我重新回到了工作岗位。学校安排我接七年级语文兼小学三年级英语。说实话,上英语课我还真没有把握,自从教学工作以来还未给学生上过英语课。然而,学校的安排不能不服从,硬着头皮上吧,正好也是个学习的机会!

于是,学教材、听录音、正发音、读课标……我这个"非专业"英语老师上任了。

初次走进三年级教室,我就爱上了这群可爱的"小精灵"。机灵又非常负责任的班长兰,严肃又诚实的学习委员妮,阳光可爱的小男孩科……

因为是下半学期,孩子们已经有了一定的英语基础,所以课堂上我先用英语简单地介绍了自己,然后让孩子们也试着用英语来介绍自己。在举手发言的过程中,我留意到有三个孩子始终没有举手。其中一个孩子一直怯怯地窥视着我,其他两个一直低着头。我想可能因为是新老师,这几个孩子胆小,还不适应。等其他孩子都介绍完了,我走下讲台,用鼓励的眼神看了看他们,问:"老师还在等着认识你们几个呢!"然而,他们还是不说话。这时班上的其他同学很快回应我:"老师,他们几个是我们班上的差——生——。"说这话的时候,不知是为步调统一还是为了强调,将"差生"两个字拉得好长。我的心为之一震!三年级的孩子,是谁为他们灌输了"差生"的思想?又是

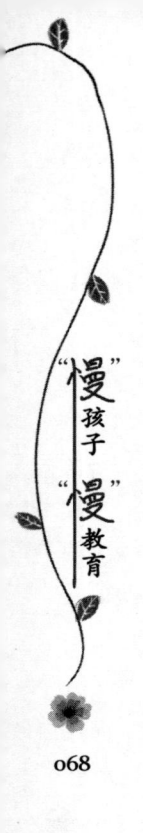

谁将"差生"的"帽子"扣到这几个孩子头上？这样发展下去，这几个孩子会有怎样的将来？作为教师的我们，不经意的一句话，可能会断送孩子的未来，想想都后怕！

　　我不能让这种思想蔓延！既然发现了，我有责任制止，我得帮他们摘掉这"差生"帽子，让他们跟其他孩子一样能够正常发展。于是，我故意咳嗽了一声，笑着说："老师火眼金睛，看一眼就能确定哪些是差生，哪些是优秀的孩子！"同学们一下子来了兴趣，好奇地看着我。我缓缓走到其中没有举手的一位小女孩跟前，亲切地说："宝贝，头抬起来，让老师看看，是不是像其他同学说的那样？"女孩怯怯地抬起头，她的眼神有些无助。我故作神秘地看了看，没有说话，接着用同样的方式分别看了其他两个同学。然后走上讲台，大声说："经过鉴定，老师在咱们班没有发现差生，都是优秀的孩子，只是这几位同学胆子有些小，如果他们能够上课大胆发言，下课认真完成作业，还要比其他孩子更优秀呢。孩子们，加油！"

　　就这样，一节课在比较欢快的气氛中结束了，看得出来，孩子们对我这个新英语老师第一印象还不错！

　　这节课后，我从班主任那里了解到，这三个孩子中，佳园是个男同学，属于家里娇惯型的，比较拖沓，学习习惯不太好，作业也不能按时完成；田田是个女孩子，是留守儿童，父母都在外打工，爷爷奶奶是文盲，而且老人的教育观念也落后，孩子作业写不完或者学习有拖沓时，一味地批评，打消了其积极性。

　　这几个孩子中，最让我揪心的就是彤了。孩子的爸爸在她一岁那年出车祸死了，她跟爷爷奶奶生活在一起。妈妈在县城上班，有时间也时不时来看看孩子。我对这个孩子的总体印象是头发老是乱蓬蓬的，穿的衣服很脏。毫不夸张地说，气温二十度左右，孩子还穿的是长款羽绒服。偶尔见孩子换了干净的衣服，梳了漂亮的发型，那一定是孩子的妈妈来看过她了。

上完第一节课后，我决定得"盯"上这三个孩子，绝不"放过"他们每一次表现自己的机会。

学"Do you like candies？"这单元的单词。课堂上，孩子们对课本上琳琅满目的糖果图片非常感兴趣。我先让学生找出自己最喜欢的糖果及糕点图片，在书上圈出来，并试着记忆这个单词由哪些字母组成，然后分享自己的记忆方法。轮到佳园了，他站起来，先半抬着头，笑着扫了大家一眼，然后看着我，跟以前一样，不主动说话。我想他要么没有想出来结果，要么就是怕说出来大家笑话。我一直微笑着看他，等了一儿，摸摸他的头说："佳园，老师相信你有比别的同学更好的记忆方法，来，说给大家听，让没有记住这个单词的同学去羡慕吧。"这时，佳园又迟疑了一会，然后合起了书，小声说："我喜欢吃面包，所以我记住了面包这个单词。"声音很小，我站在他旁边都听得不是很清楚。大家都目不转睛地看着佳园。

"同学们，为佳园有记忆单词的方法鼓掌。"教室里响起一片掌声。这时，我明显看到他的眉头舒展了许多，接着说："面包这个单词是bread，他的形状像一个汉堡，b和d像外面的两片面包，r、e、d分别是夹在里面的火腿、肉和生菜。"我先是一愣，然后按他思维想下去，嗨，还真像！这时，班里的同学不约而同地响起了掌声，有几个同学甚至有点兴奋。我知道，同学们对他是刮目相看了。自此，佳园将学过的每一单元的单词都记得很熟练，每次单词听写他都能得九十分以上，而且课堂上也比以前活跃多了。

这件事让我悟出了一些道理。所谓的"差生"，其实不是真的"差"，而是我们做老师的缺少耐心与细心，没有给他们充分思考的空间和展示的机会，加上他自己的不自信，久而久之，便失去了学习的信心。

在学习"Where is my eraser？"这一单元的对话时，我先让同学们快速记忆，然后让同桌互相带动作表演读，最后上讲台表演读。每到这个环节,彤总是愁眉哭脸。因为她总是记忆最慢的一个。为此,我总是让她和同桌最后一组上台。等其他同学都表演完了,我说:"现在,老师要把我们班的两位表演小明星请上台,让她和她的同伴来给咱们对话并表演内容。"彤走上台,努力把对话内容背了下来。每当此时,我总不忘示意孩子们为她鼓掌。慢慢地,我发现,课堂上的彤再也不会那样低着头,怯怯地看老师了,能大方地和别的同学一起参与到学习中来。

现在,我在班级里,特别是英语课上,很少听见其他同学提"差生"二字,我心里由衷地高兴。我发誓,在以后的教学中,决不允许"差生"的"帽子"无端地压在孩子们头上,让那些所谓的"慢"孩子在学习的道路上轻装而行!

小贴士:

有些所谓的"差生",其实并不差,而是老师的不当言行遏制了孩子们积极向上的信心,给他们无端地扣上了"差生"的"帽子",在他们的心灵深处种下了"我是差生"的种子,从而使他们失去了自信,变得自卑、胆怯,前行的脚步越来越缓慢。"皮格马利翁效应"告诉我们:教师的积极期望会使学生的潜能得到最大发挥,而消极期望则会严重阻碍学生的良性发展。所以,于学生而言,老师的言行相当重要,需慎之又慎!

错怪误解，我反思

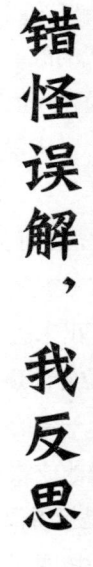

21. "臭而长！"

文 / 董新民

还记得十八年前，我从一所山村初中调到某地的初级中学，接了一个毕业班。和我搭档的是一位快四十岁的数学老师。一次课间，他给我们讲了一段自己初中时代的故事。故事不长，但我清楚地记得：是一句"臭而长"的作文批语差点改变了他的人生！那时候，我就心痛于他遇到简单粗暴的老师，又庆幸于这一段痛心的经历没有彻底改变他的人生轨迹。

这么多年过去了，这个"臭而长"的故事，一直潜藏在我的心头！直到这段时间在写"慢"孩子、"慢"教育的故事，"臭而长"三个字又猛然从我的心底蹦了出来。

前天晚上，我又来到这位老同事的家，品一口浓茶，瞅着他花白的头发，倾听他这段"珍藏"一生的往事。

那是 1978 年，他以优异的成绩考入了乡上的中学。那时，走在他们乡的街道上，他的胸总是挺得很直，头抬得老高。父母也以他小学优异的成绩为傲，经常向街坊四邻炫耀他的优秀！

可是，上了初中的他在写了第一篇作文后，却让他的优秀一下子跌落在地。他已记不清第一篇作文老师布置了什么内容，也想不起自己写了什么，只记得自己写了三页——当时的初一学生，大多数连一页都写不满。

那天，语文老师抱着作文本走进教室，他对上初中后的第一次作文充满了期待——小学时老师每次讲评作文时都要表扬他，有时还会把他的作文读给大家听。作文本发下来后，他瞅了一眼左右同学的作文本：左边一个"甲"，右边一个"甲-"。他也满怀期待地打开自己的作文本，翻到作文结尾看批语。一看，心"咯噔"一下，是红色刺眼的三个字——"臭而长"，后面跟着一个大大的"！"，旁边写着"丙"。

他不记得当时自己是怎么看完这几个字的，只记得他慌忙合上作文本，待抬起头时，周围的同学齐刷刷看向他，看向他双手压在课桌上的作文本。这节课上，老师的讲课他一个字都没听进去，满脑子是无限膨胀的"臭而长"三个字！

下课后，好几个同学凑到他跟前，想翻看作文本，他死活不让看。越死命不让看，同学们就越想看。最后，三个同学强行将他拖离了座位，一个同学打开作文本，一群同学凑一起围看。不多时，一阵刺痛心灵的笑声响彻教室！他不光脸在发热，全身都在发热。捂着脸，眼泪"吧嗒吧嗒"往下掉，当时真想找个地缝钻进去！

此后，只要上语文课，他就用棉花塞上耳朵，语文老师的声音他是一个字也听不进去了。

期中考试成绩出来后，他的语文自然不及格，数学也不及格，数学老师大发雷霆，全班没有一个人数学及格！当试卷发下后，数学老师将卷子讲完，他对照老师的讲解，发现数学成绩应该是74分，而老师阅成了52分。当他颤巍巍地拿着试卷走上讲台的时候，他不敢看老师的眼睛，只是声音低低地说："老师，我的卷子阅错了，应该是74分。"

"应该多少？"

"74—"

"怎么不考个94？"

紧接着，数学老师又是一通批评。此刻他的心情低到了极点，他

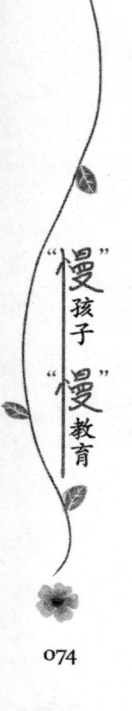

说想不起那天是怎么回座位的，怎么回家的。

之后他开始排斥所有的语文课和数学课，上课都是用棉花塞住耳朵上的。这样做的直接结果是：期末考试，成绩一落千丈，没有一门及格的，语文和数学成绩更是差得可怜。

第二年开学，他死活也不去上学了。不管父母和其他家人如何威逼利诱，他也没有说出不上学的原因。被家人逼得没办法，他就哭着说：除非转学。

后来他转到了福星中学。不到一学期，他的语文和数学成绩都赶上去了，三年后也顺利考上了大学。

讲完这个故事，他长嘘了一口气，脸上的表情特别复杂，让我无法准确判断眼前这个表情所透露的含义。但我还是告诉他，他是幸运的，还有"逼"他上学的家人，还有能给他转学的大哥，还有不一样的老师，还有……

是啊！农村的孩子，能有几个有这样的"幸运"？大多数这样的孩子，他们的命运会因为"臭而长"三个字而改变，辍学回家后，与黄土相伴，终其一生。可是，细一想，这样的"慢"孩子，他曾经不"慢"啊！

在教学中，部分教师的武断和粗鲁，击碎了孩子脆弱的自尊心，伤害了孩子难得的自信，直接把他们打进了"十八层地狱"！教师总是站在教育者的"高度"审视学生的言行和作品，总是带着有色眼镜去评价学生，总喜欢把笼统的、千人一面的评语强加给学生。很多时候，这些审视、评价和评语似乎与孩子们无关，可侮辱性的评语和评价却直刺学生的心灵深处，会终生影响学生的世界观、人生观和价值观，会给学生一个不一样的人生，会直接改变学生的命运！

苏霍姆林斯基说过，"儿童的心灵是敏感的，它是为着接受一切好的东西而敞开的。"可是，如果教师不能从儿童的角度来思考和判断问题，总是以自己的眼光和标准来评定孩子们的言行，凭借自己所谓的"经验"来评价学生、处理孩子们的事，得到的结果只能与我们的初衷背道而驰，甚至大相径庭。

"臭而长"给我们的启示是痛苦的，这样的事不仅仅出现在四十年前，现在依然在发生，只是换了一种样式，变了一种姿态，可伤害仍旧发生，痛苦依然存在。改变其实很简单，就是爱学生，关注孩子们的内心需求，以一颗童心应对教育教学中的点点滴滴，苏霍姆林斯基说过："如果教师诱导儿童学习好榜样，鼓励仿效一切好的行为，那么，儿童身上的所有缺点就会没有痛苦和创伤地不觉得难受地逐渐消失。"如果真能做到这样，我们的教育就开始幸福起来了！

老师们，请保持一颗"童心"，关注孩子们的内心世界吧！

小贴士：

这是一起因教师处置不当而致学生"慢"的特殊案例，虽然我们痛心，但这样的现象就是在当下依然存在，甚至有一些伤害是打着"为学生好"的旗号发生的。没有儿童立场，不在乎孩子的感受，不关注儿童的内心世界，教育不仅失去了温暖，也会在不经意间给孩子长久的伤害。从这个意义上，老师保持一颗"童心"是教育的幸福。

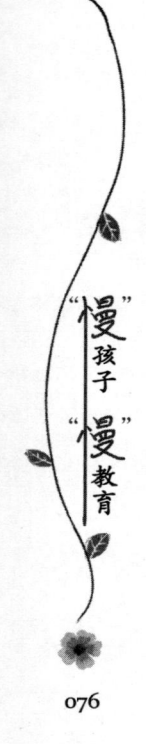

22. 这辈子，我不会吸烟！

文 / 董新民

六年前，一次与朋友吃饭。

坐我旁边的男人，三十岁上下，头发略长，胡子也不怎么刮，毛毛茬茬的。席间，他不怎么说话，轮到自己喝酒，总是端起酒杯，猛灌下去，动作干脆，气氛沉重！要是有人要他代酒，他也毫不推辞，直接端酒杯"痛饮"而下。有好几次，我看着难受，试图去按他端起酒杯的手，但他侧脸抬起厚重的眼睑，闪烁着看我一眼，将酒杯换到另一只手里，一饮而尽。

期间，我想打破和他坐一起的沉闷气氛，又能破坏他喝闷酒的节奏，就递给他一支烟。可他瞅了瞅我指间的烟，摆了摆手，说："这辈子，我不会吸烟！"

过了不到一个小时，他就趴在餐桌上，醉倒了。瞅着他的醉态，我开始怪罪"灌"他酒的人。可是，大家的回答让我吃了一惊——"喝醉了，或许他会好受些！"

在惊异中，几个人你一言我一语，拼凑成了他的故事——

他叫杰。从小学到初中，学习一直名列前茅，各种奖状都快贴满他家房子的侧墙了。好几年里，庄前屋后，总能听到他爽朗的笑声——如铜铃一般。

然而，初三的那个冬日，他万万没想到会彻底改变自己前行的脚步。

他和往日一样，早早地来到学校。推开教室门，昏暗的灯光下，只有三四个人，他把书包往课桌上一扔，就去上厕所了。厕所的灯早让人给弄坏了，学校修了好几次，可总是"修"不好。不过，空荡荡的厕所里，他看到一明一暗地闪着几点红光，他知道，又是他们班的那几个——趁老师还没来偷偷地在厕所里吸烟的学生。

　　刚撒完尿，眼前就伸过来一支烟，借着烟头的火光，他看到是同桌的脸。他摇了摇头，提起裤子，转身准备离去，一只手用力地拉住了他。同桌用烟头对着了一支烟，把对着的烟向他伸了过来，他盯着红红的烟头上一闪一亮的红光。他可从来没有吸过烟啊！他听说班里好多同学都吸过烟，有的还形容得神乎其微。不知道，那是什么味道啊！这样想着，他顺手接过烟头，犹豫地移到嘴边，轻轻地吸了一口，紧接着就是接连不断地咳嗽。一阵咳嗽后，他把烟扔进了便坑，赶紧往厕所外走去。身边，是他们几个的笑声和埋怨声。

　　有一个身影挡在了厕所门口。他一惊，从身影的高度，他判断出是班主任。借着微弱的晨光，他看到黑影中的班主任脸已严重"变形"，嘴里大口大口地呼气，胸脯也强烈地一起一伏。他感觉一束直直的目光似乎要穿透他的心脏，顿时，他的后背渗出了冷汗。

　　"你们几个，到我办公室来！"是班主任不容置疑的声音。

　　其实，那天班主任的话他没怎么记住几句，只有一句刻进了他的心里——"你怎么能吸烟？"班主任让他去叫家长，他哪敢啊，他想他爸知道这事，非把他的腿打折不可。

　　在学校周围逗留了半天，中午他回家了，妈妈问他："怎么没背书包？"

　　"今天没作业！"

　　吃完午饭，他没去学校，只是嘱托同村的同学把他的书包背回来，而他，在学校对面的山上转了一下午。

　　可是，同学给他把书包送到家里，同时也捎回来了班主任的带

话——杰早上在厕所里吸烟,下午逃学。

听到班主任的带话,他爸一阵狂风暴雨,他妈只是蹲在墙角哭泣。

虽然,之后他去了学校,但他始终无法在班主任的课堂上安静下来,不管老师怎样微笑,如何和善,他的眼前总是闪现着那一天早晨老师"狰狞"的面孔,耳边响起"刺破"他心脏的话语。

期末考试,他的成绩令所有同学和老师大跌眼镜,而他自己知道,这一切理所当然。所有的不解,所有的歧视,所有的埋怨,所有的泄愤,所有的幸灾乐祸,都铺天盖地向他而来,一下子击溃了他所有的准备和承受。

待到第二学期临近开学,他给家中留下一封信后,只身登上南下的列车,加入到浩浩荡荡的打工潮中。可是,由于身单力薄,没有学历,好长一段时间,他没有找上工作,后来,好不容易找了一份建筑工地的小工活但他老是不受人待见,大工也总是给他派最重的活。一次因派活他与大工大打出手,一拳打在那个大工鼻子上,流了好多血,因此他也被逐出了那个建筑工地。

到好几个地方"流浪"了两年后,他揣着空空的口袋回家了,好在父母也没怎么埋怨他。后来,听同学说,他妈经常拿着他留下的那封"皱皱巴巴"的信来找同学,一边说,一边流眼泪。每每听到这些,他会不自觉地流下眼泪,而这眼泪,更加深了他对班主任的"仇恨"。那个时候,他就发誓——这辈子,不再吸烟!

跟随庄里几个泥瓦匠到镇上、县城打工,过了两年,他也成了大工。再过了两年,他经人介绍,与邻庄的一个姑娘结婚了。

日子表面上看起来平淡、平常,但看到一个个大学生从他眼前昂首而过时,一个个工作人员"衣锦还乡"时,他的内心开始此起彼伏,怨恨开始一点点滋长。

一次喝醉酒回家途中,他碰上了曾经初三的班主任,一下子激发了内心的怒火，冲上去找老师理论。酒醒后，他记不得这些，只是怪自己莽撞，心中也滋生隐隐的痛，眼角渗出了泪水。

后来，开家长会时，我见到了杰，他来给女儿开家长会。他来到我的办公室，我们聊了好多，知道他新盖了一院房子，女儿学习特别好。说起女儿，他的脸上挂满了开心和自豪。不过，我试探着提到了那个班主任，他只是说"都过去了"，明显感觉到他心中的"仇恨"已淡化。给他烟，他依然是那句——这辈子，我不会吸烟！

从一个不认识的人，成了我的学生家长，我感受到了一个男人的心路历程。我们无法改变过去，为了不给明天留下遗憾和悔恨，我们只有今天改变自己。每一朵花都有开放的理由，我们没有任何权力阻止其开放。任何人为地隔断，都将给孩子和我们自己的人生种下难以原谅的后悔。

有一些孩子天生"慢"，我们尚且能给他们阳光，让他们在风雨之中绽放，而像杰一样的孩子，他们并不"慢"啊，是我们错误的言行将孩子推向了永远的"慢"。

每每想起杰的故事，内心极不舒服，其实，处理当年杰的事，方法不重要，关键是一颗心啊！

小贴士：

杰的"悲剧"，其实昭示了这样一个道理：老师的言语或处置，会对学生的成长起到至关重要的作用——一句恰当的表扬会让孩子信心满满，奋力前行，而一个不当的处置，会浇灭孩子心头的热情，从此一蹶不振，破罐破摔，酿成成长道路上最大的遗憾。作为老师，面对孩子时，一定要慎之又慎，时时提醒自己：对于孩子，老师很重要。

23. 放大学生的优点

文 / 董新民

　　曾有人与我说过：扬学生之长，越扬越长；指学生之短，越指越短。偶然在微信上读到的一个故事也告诉了我这个道理。

　　一个穷困潦倒的青年，流浪到巴黎，期望父亲的朋友能帮自己找一份谋生的差事。

　　"数学精通吗？"父亲的朋友问他。青年羞涩地摇头。"历史、地理怎么样？"青年还是不好意思地摇头。"那法律呢？"青年窘迫地垂下头。"会计怎么样？"

　　父亲的朋友接连发问，青年都只能摇头告诉对方——自己似乎一无所长，连丝毫的优点也找不出来。

　　"那你先把自己的住址写下来吧，我总得帮你找一份事做呀。"青年羞愧地写下了自己的住址，急忙转身要走，却被父亲的朋友一把拉住了："年轻人，你的名字写得很漂亮嘛，这就是你的优点啊，你不该只满足找一份糊口的工作。"把名字写好也算一个优点？青年在对方眼里看到了肯定的答案。数年后，青年果然写出享誉世界的经典作品。他就是家喻户晓的法国18世纪著名作家大仲马。

　　故事中的大仲马，他的代表作《基度山伯爵》更是享誉世界。而当初的他却似乎是一个"一无是处"的小子，如果没有父亲朋友的"超级"眼光，大仲马这个世界顶尖的作家将会淹没在人群当中——"泯然众人矣"。在我们面前的学生，就是在我们的引导和教育下，不断成长，不断发展。我们应该用"放大镜"看学生的优点，特别是对平时调皮又不受老师重视的学生，还有那些性格内向却成绩平平甚至很差的学生，他们更需要这种自尊感，让这些学生获得信任感、关注感和赏识感。其实，老师期待学生有什么样的表现，学生便会朝着这个方向前进。而老师的鼓励和支持，会让学生走得更快、更远。

　　写到这里，我想起了这样一个学生：她叫婷，是我2000年带的学生——文静、矜持，很少在她的脸上看到笑容，任何热闹的地方都很难找到她的身影。她学习认真、努力，作业总是写得整整齐齐，很难挑出她的不是，但每次考试都排在班上最后一、二名。或许在各科老师眼里，她是一个没有优点的学生。为此，她心底的自卑不断叠加，以至于让她在学校、班级和家里抬不起头来。就是这样一个学生，我却收到了她的一封来信。也正是这封来信，让我不禁感到惭愧无比。在信中，她说：初中毕业后她没能上高中，父母很失望，对她不理不睬。她在家待了一个多月后，对父母说她想上卫校。父母最终答应了她，想办法让她上了卫校护理班。在卫校，她给自己定了目标——学好专业知识，将来以此找个工作。她通过一个学期的学习，对自己越来越有信心。用她自己的话说，这信心缘于我在她毕业前夕的一句话。我不是她这个班的班主任，只教她们班的语文，时时对她的刻苦认真而欣慰，但又每每为她可怜的成绩而无奈。对于这样的学生，老师们总会说"没治了！"信中她说，一次我上楼时看到她坐在楼梯上背课文，就对她说："你这样认真，不管将来做什么事，一定能做好的。"她说，她当时很感动，从来没有一个老师对她说过这样的话，她永远记着这句话。就是这句话让她对自己的将来充满信心，也最终强烈要求父母同意她去上定西卫校学习护理，她相信自己将来一定能做一名合格的护士！

　　每个学生都是一个不同的个体，只要我们及时转变教育理念，多

一把衡量学生的尺子，善于观察，善于了解，及时地用好手中的"放大镜"，就能让老师的教和学生的学都变成一件幸福的事！

小贴士：

每个学生都有个体差异性，对于容易骄傲的学生，老师不宜过多放大优点；对于有自卑感的学生，老师要通过肯定点滴进步放大优点，进一步培养学生的自信。放大的方式方法是多元的，可以是一个微笑，一次点头，一句表扬，一次谈心，一回家访，一次在家长前的赞扬……

24. "差生",有时也能精彩!

文/董新民

读完了李镇西《爱心与教育》中《我与万同的故事》后,真真切切地感知到李镇西在转变"差生"过程中的爱心、细心、耐心,明白教育的智慧其实就在爱心之中。

我们也相信,"差生"是可以转变的,但我们在转变差生的过程中,为什么总是以失败告终呢?转变"差生"的过程,除了恨铁不成钢的埋怨、"哀其不幸,怒其不争"的自解释然外,剩下的可能就是"教授也没治"的解脱和牢骚。

很多时候,是我们不相信"差生",也就不给"差生"机会,没有机会,"差生"怎么能转变呢?

记得十年前我所教的一个班,有一个所有任课教师、学生公认的"差生"。不是我不愿说他的姓名,而是的的确确我已忘却了他的名字,但有关他的记忆,却一直存在心底。

临近期末,秋季学期的教育教学大督查也来到了我们学校。我的语文课也只剩下几篇文言文了。

那天早上,天阴沉沉的。当我夹着教本走进教室的时候,一眼就看到坐到教室后面的贾副局长和朱校长,心里还是蹦出些小紧张。

这节课我准备上张岱的《湖心亭赏雪》。因为有了早读时的自学预习,整节课在自读、范读、字词解释、句子和人物分析中悄悄推进。渐渐的,我也忘记了后面还有两位领导在听课。临近结束前,我

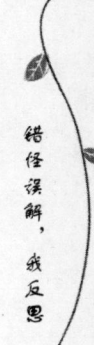

给同学们留了点时间，看大家能不能背诵下来这篇刚过两百字的文言文。待到同学们背诵的声响弱下来后，我征求大家的意见：看谁能背下来，试着给大家背一下。因为有早读时间的阅读、自学基础，有近一半的学生举起了手。就在我准备叫一位我自以为一定能背下来的好学生来背的时候，我看到坐在教室左边最后一位的他也举起了手。当时，我犹豫了一下，但还是叫起了他。不过，说实话，当时我是心里没有底。当我叫到他的名字的时候，我听到整个教室里同学们的"唏嘘"声。那声音，分明就是害怕他这个公认的"差生"在课堂上出丑。这"唏嘘"声，还有对我的不理解——竟然在有领导听课的情况下，还叫起了他来背诵？令我和同学们惊奇的是，他居然较为流畅地背了下来，当他的最后一个字吐出来后，同学们和我不约而同地响起了热烈的掌声。

　　下课后，贾副局长还走上讲台，与同学们做了更进一步的交流：希望同学们将来有机会去西湖的时候，也到湖心亭看看，再回想当时上课时的情景，也是一种享受。

　　当天的反馈会上，就我的这节课，贾局长给予了过高的评价，一些赞誉之辞，也给了我莫大的鼓励。

　　一天，我又打开那本"特别"的留言册，试图在上面看到他的名字，或者他的字迹，可是没有。前段时间，在街上遇到他卖荞粉的父亲。站在马路上，我询问了他的情况。他的父亲告诉我：他没有上完初中，在外面打了几年工，现在回来了。他父亲准备带着他学自己做荞粉的手艺。和我交流的同时，他的父亲还一直感叹现在的社会真好，只要劳动，就能过好。

　　看到他的父亲的神情，我的心中不免升起几许惭愧——在"差生"的成长历程中，我们到底是在做他们艰难前行的助力器，还是在做他们辛辛苦苦的绊脚石？这个问题，值得我们每一个教育工作者深思。

在这个我没有记下名字的学生身上，在他这节课的表现上，我似乎明白了一个道理：转变"差生"，相信的力量一定程度上是可以超越一切的。

的确，"差生"有时也能精彩，就看你敢不敢给他机会。

小贴士：

不管怎样的班级，都会有一些学生被冠以"差生"，转变"差生"成了教师最头疼又不得不用力的事。可是，往往"差生"依然是"差生"，或者更"差"。其实，"差生"不是不能改变，或许是我们没有找到适合他的方法。面对"差生"，每一个教育工作者都需扪心自问：在"差生"的成长历程中，我们到底是在做他们艰难前行的助力器，还是在做他们辛辛苦苦的绊脚石？

25. 治"哭"要治心

——我与"特殊"孩子的故事

文 / 蒋小利

一、发现：以"哭"对抗的"倔"孩子

2016年8月30日，是一年级开学报到第一天。在初见的46个孩子中，我第一眼注意到她——芊，个儿矮矮的，一张口齿伶俐的小嘴，自信满满的神情，与众不同。

一次，学校组织我们一年级小朋友去金山公园综合实践活动。孩子们在父母的陪同下做完叶脉书签，我让孩子们谈谈自己的感想。芊主动举手，说个不停。我激动不已，小小年纪，表达能力真不错。就这样，我渐渐喜欢上这小女孩。

课堂上，她会专注地听课，提的每个问题，她都不会放过；课间，她会悄悄地告诉我，她妹妹的秘密，趁我不注意亲吻我的脸；午餐时，她会来到餐桌前，喂我水果；放学后，她会来办公室，抱我一下，才依依不舍地离开。

为了家长开放日，刘老师按学校惯例来我们班级磨课。她在讲《太阳》一课时，提出了一个开放性的问题，话音刚落，芊冲上讲台，用手拉着刘老师的衣服，自言自语个不停，无论刘老师怎么哄，她不但不下讲台，反而哇哇大哭。当时，我也坐在教室后面听课，领导们见此情况，让我去哄她。

据我平时上课观察,她特别爱表现。她一看到这么多老师来听课,很想好好表现自己,却偏偏与各个表现机会失之交臂,一肚子委屈,就大哭起来。我经常告诉她,爱表现是对的,可课堂是大家的阵地,不仅仅属于一个人。不是每个问题都叫她回答,如果其他同学回答,也要耐心倾听。

时间一天天过去,一年级的生活快要结束了。有一天,芊因同学吃饭插队,后来老师批评了那个同学,芊还是不依不饶哭个不停。通知芊妈妈来学校交流时,没等我话说完,母女俩头也不回走出教室,去校门的食店吃饭。说实话,我当了这么多年的班主任,还是第一次遇到这样的母女俩,一个"哭"任性,一个处事高傲。

二、了解:不可忽视的家庭教育问题

2017年2月25日,我对芊进行了一次深入家访。

芊爸爸妈妈是高中同学,恋爱八年结婚,很恩爱。芊爸爸从谈恋爱到结婚,在妈妈面前总是一副听从、崇拜的样子,导致孩子觉得妈妈在家的位置至高无上,芊就只听妈妈话,身边任何人的话她都不放在心上。芊爸爸在县信访局上班,专门调解上访人员。芊妈妈是一所初中的数学老师,小有名气。爷爷是以前的中专生,读书的时候成绩很好,工作的时候也是单位骨干。爷爷奶奶也很恩爱,现在都50几岁了,奶奶还经常在爷爷面前撒娇。由此可见,这家的女性地位较高,对芊有所影响。再加上奶奶兄弟姐妹很多,芊出世的时候,一大家子就她一个孩子,视为心肝宝贝,争着抢着带。

据了解,芊读幼儿园的时候,天天哭,老师们不知所措,请家长去学校。结果,芊奶奶去,没有管教自家孩子,反而说老师教育有问题。这些现象,表面上看没有什么。其实,是助长了孩子的哭,潜藏恶习的滋长。

芊随着年龄的增长,要求越来越多,一大家人为了满足她,"毕

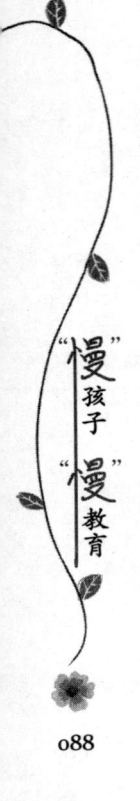

恭毕敬","百依百顺。要是有一点没有满足，马上哭泣。家人们会想尽办法无条件的满足孩子。就这样，孩子长大了，性格也慢慢变得那么"自以为是"。

三、状况："哭"变本加厉，越发怪异

一年级结束时，我把孩子在学校哭泣的每件事情说给母亲听后，她只是淡淡地回应，娃娃都是长辈们宠坏了，改起来有点慢。

芊进入了二年级，个子高了，学习习惯进步了，也懂事一些了。可她成了课堂上的"发言专业户"，要是哪位老师一个问题没有叫她回答，这堂课就会"哭"声不断。数学课上，芊边哭边说要向爸爸告老师；美术课上，老师提醒她别玩剪刀，她会边哭边推桌椅；体育课上，她诋毁体育委员，还大哭着顶撞老师；体育节，她不听家委会成员训练队形，反而在操场放声大哭，她的性格更加肆无忌惮。

2018年1月2日，学校邀请了川剧团进校园。同学们兴高采烈地来到操场观看川剧。芊边看边玩耍纸飞机，纪律委员给她没收了。芊的哭声简直响彻云霄，学校陶主任疾步走过来劝慰她，依然没效果。

一次，我外出办事回教室，看见芊大哭大叫。我问清了事情的来龙去脉，并解决了。哪知，晚上班级群里发生一起"怒怼"：芊的妈妈在班级群里发难，称孩子被班上其他孩子欺负，要老师们关注，要求学校对这事的相关家长提出批评，要给说法，否则她要亲自教育。

第二天，芊妈妈根本不听老师们解释，自己就审问同学，惹火了其中一同学家长，发火的发火，报警的报警。见此情景，学校领导出面解决。

家长莽撞行事不是好习惯，这种习惯会直接影响孩子，并成为她行事的准则，教育没有敬畏，效果为零。

每一个孩子的处事方式，都是父母处事方式的折射。孩子年幼，良知未泯，最怕家长护短，这样会导致孩子的行为习惯在歧途上越滑越远却不自知。

四、努力：力所能及地转变

当事情发生后，我作为班主任也有不可推卸的责任，也想教育好她，家长不愿意，我还是渺茫的。于是，我给家委会会长说了芊在学校的各种陋习及后果，家长在后来的日子里也渐渐发现了，孩子习惯差，学习成绩也急剧下降。终于，有一天，家长在QQ上给我留言："蒋老师，芊不听话，这周末我们让她在家饿一顿饭。"我看到信息后纳闷，曾经老师一心想教育好孩子，养成好习惯，家长却护短，现在家长思想态度转变了，我仿佛看到了黑暗世界的一丝丝光芒。

针对芊的现状，我专门给她制作了"量化考核表"。这次，她爽快地答应了。我们制定了几条简单易操作的规则，进行抽样调查一周，我每天和芊妈妈反馈孩子在校的表现，一周后进行小评。

	规则	完成情况	奖惩措施（到达几条就得颗星星）	备注
周一	①无论遇到任何事情，不用"哭"解决 ②老师上课，同学发言，不准插嘴 ③听从老师的正确安排 ④每天早上进办公室主动向老师们问好，放学回家时主动向老师再见 ⑤学习认真 ⑥在家长和老师面前说话实事求是	听课专注度不高，毅力不强，控制力差，一节课最多能坚持20分钟，其余时间都是多动，玩铅笔、橡皮	得五颗星，家长陪同玩耍，买自己喜欢吃的东西	学生对学习兴趣不浓，好动、好玩，还喜欢有吸引力的课堂。针对这段时间的复习，枯燥、乏力。多数学生控制力强些，但是芊稍稍差些

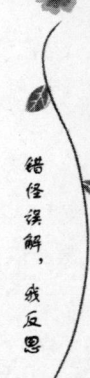

续表

	规则	完成情况	奖惩措施（到达几条就得颗星星）	备注
周二	①无论遇到任何事情，不用"哭"解决 ②老师上课，同学发言，不准插嘴 ③听从老师的正确安排 ④每天早上进办公室主动向老师们问好，放学回家时主动向老师再见 ⑤学习认真 ⑥在家长和老师面前说话实事求是	听课专注度不高，毅力不强，控制力差，听写出错多，心烦气躁，小声哭泣	得三颗星，完成作业后只休息一个小时，家长不陪玩	听写出错，不听从老师的安排改错。遇到难题，为难情绪严重
周三	①无论遇到任何事情，不用"哭"解决 ②老师上课，同学发言，不准插嘴	一、老师课堂提问，不重结果对错，即刻举手，思考程度不深；若没有抽她回答，不倾听别人的意见或建议，自己玩自己的或发呆 二、复习课：听写生字拼音错误很多，一年级过于自我，不听课，爱哭，导致拼音没过关	只得一颗星，惩罚不准玩玩具	一、询问原因：1. 不想上枯燥的复习课；2. 不尊重老师；3. 服务意识差，认为是班级的事情，与自己无关 二、家长交流记录反映出几个问题： 1. 当教师谈到孩子意志力薄弱，家长袒护孩子，说作业多，可教师说到班级同等条件下，其他孩子能坚持，家长没有反驳了。教师接着询问，什么事情才会让孩子坚持做下去，妈妈说有她的陪伴 2. 家长总结出孩子性格：太自我，自信心爆棚，受不得挫折，脾气暴躁，爱抱怨撒泼。当我读完这些，仿佛在说她自己。针对这种情况，解铃还须系铃人

续表

	规则	完成情况	奖惩措施（到达几条就得颗星星）	备注
周三	③听从老师的正确安排 ④每天早上进办公室主动向老师们问好，放学回家时主动向老师再见 ⑤学习认真 ⑥在家长和老师面前说话实事求是	三、午餐：老师安排她擦餐桌，她对老师的话不理不睬，趾高气扬得走了，因为是别人的 四、下午数学课上，看课外书，被数学老师发现了，她还边哭边故意撒气给老师看，把桌椅前推后仰，影响数学老师正常上课	只得一颗星，惩罚不准玩玩具	3.家长谈到为什么幼儿园性格还没这么明显？我总结：进入一年级有学习的压力，如果不让孩子学习，什么问题都没有，另外，如果遇到什么问题，都迁就她，也不会哭 4.妈妈得出宝贝过于依赖她，打算让爸爸管一段时间试试看 三、感受：今天谈话，明显感觉家长还是很想配合老师改好孩子的习惯
周四	①无论遇到任何事情，不用"哭"解决 ②老师上课，同学发言，不准插嘴 ③听从老师的正确安排 ④每天早上进办公室主动向老师们问好，放学回家时主动向老师再见 ⑤学习认真 ⑥在家长和老师面前说话实事求是	一、上课一旦不领读，就搞小动作 二、午餐闹情绪，不吃饭 三、在语文单元测试时，因某些题不会做，大发脾气，老师劝告她，不但不听，还影响周围同学学习	得两颗星，无任何奖励	询问原因：不同意老师给班级服务的同学特殊待遇。比如，副班主任安排为班级打饭的同学先吃饭 家长认识到孩子习惯差的严重性，极力自省家庭教育，积极配合老师

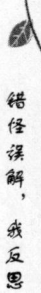

续表

规则		完成情况	奖惩措施（到达几条就得颗星星）	备注
周五	①无论遇到任何事情，不用"哭"解决 ②老师上课，同学发言，不准插嘴 ③听从老师的正确安排 ④每天早上进办公室主动向老师们问好，放学回家时主动向老师再见 ⑤学习认真 ⑥在家长和老师面前说话实事求是	有所改变，在家长的配合下，规定的六条都做到了	得了六颗星，家长陪同玩耍，吃了麦当劳	一直有家长的积极配合，孩子的习惯有所好转

制度就如一把标尺，我把握好尺度，就这样坚持一学期，每天和家长汇报孩子情况，及时采取策略，孩子的习惯有所好转。

五、探索：爱哭孩子不再哭

通过一学期的努力，我对于"哭"的孩子教育有了一些思考：

1. 家委会是桥梁

当孩子在学校表现不好的时候，老师诚心给家长汇报情况，家长未必理解。因为家长爱孩子，都是相信孩子，听孩子的话，不免会觉得老师是有意针对他家孩子。这种情况，孩子的小毛病，老师可以直接和家长交流；情节严重的，建议让第三者（家委会成员）传话，她可能更容易听进去。一旦家长思想发生了改变，积极配合，教育都会游刃有余，水到渠成。

2. 家校共育是前提

苏霍姆林斯基说过，如果一个孩子没有良好的家庭教育，那么不管老师付出多大的努力，都收不到完美的效果。学校里的一切问题都会在家庭折射出来,而学校复杂的教育过程产生困难的根源也都可以追溯到家庭。我们一定谨记"冰山理论",孩子表面的异常行为,都有其内在世界的深层原因,尤其与原生态家庭存在千丝万缕的关系。当家长知晓孩子情况,不袒护孩子,责备老师,更多是积极配合老师,从自身出发,反思自己的行为。毕竟孩子都是家庭的缩影,孩子的问题反映出家长的问题。只有家长观念改变,孩子才会改变。

3. 敬畏规则是底线

美国特殊教育专家柯克认为,特殊孩子就是在生理、心理和行为方面具有偏离常态的特征。文中所说的更多是心理方面有问题的特殊孩子。这些孩子在认知、适应等有别于大多数,他们应当视为有独特人格特质的孩子,甚至可能比常人有更大的发展潜力。作为这种表现欲望特强的孩子,老师尽量提供她展示的平台,比如,上课多叫她起来回答问题,早读领读,"小老师"上课,选她班组长等等方法。家长和老师应该引导孩子理解一些班级规则,从而敬畏规则,遵守规则。

总之,教育是一个漫长的过程,是一段成长——老师、家长和学生的共同成长。改变不可能是一蹴而就的,播下了一颗爱的种子,静等花开。

小贴士:

每个孩子来自不同的家庭,都是独立的个体。特别是班级"特殊"的孩子,我们要采取特殊的策略:一、家校共育为前提。只有家校携手,站在一条线上,才能推动教育的开展,学生才能健康、快乐的成长。二、家委会是桥梁。"特殊"孩子的家长,都想按自己的意愿行事的这种情况,需要家委会成员以第三方介入,搭建家校情感桥梁。三、敬畏规则。亲其师,信其道。只有家长觉得学校是需要敬畏的地方,尊敬老师,学生才会遵守班级规则,爱上老师。

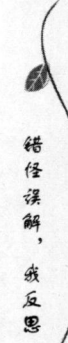

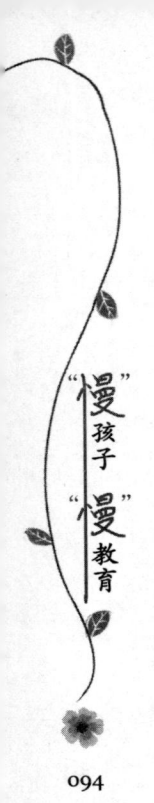

26. 爱的忏悔

文 / 李秋菊

早上，睁开惺忪的睡眼，打开手机。跳入眼帘的是："情不自禁地赞赏了。李老师在我心中也是那样的好！也是我印象中最深刻的一位好老师！"这是曾经的学生圆在我转发的《"慢"孩子"慢"教育》之二"原来，他也会笑"一文后的留言。我当即回复："孩子，我哪有你说得那么好。越上年纪，越懂得怎样教育孩子们，所以，反思那时对于你们的苛求，时时都是后悔。"

"有机会真的还想再听李老师讲一次课……"

品味着圆的回复，我的思绪已被拉回到好远好远——

圆是2001年插转到我班的，因为个头小，便将他安排到第一位。可是第二天放学后，有几个女生磨磨蹭蹭不站队，问她们原因，你看看我，我看看你，都不愿先开口。看样子，有难言之隐。我说："先在教室等着。"

回到教室，几个孩子便叽叽喳喳嚷开了——

"老师，我想换座位！"

"我也不想坐那儿。"

"是的，老师，我也想和别的同学坐一起。"

"为什么？"我奇怪地问。

"因为……因为……"

"因为我们那儿有股怪味！"口齿伶俐的洁毫不掩饰地道出了

原委。

"一直好好的,怎么现在会有你们说的怪味?"

"就是就是那个新来的同学……"

"那好,你们今天先回,明天我来处理。"

怎么办?新同学刚到班才一天,我就按她们的要求调整座位,这多伤孩子的自尊!不调整吧,这帮"小公主"肯定会闹腾不停,思虑再三,我决定先掌握"证据"。

第二天上语文课,那帮女孩子们要么捂着鼻子,要么斜着身子,个个一脸的痛苦不堪,我走近她们的座位,亲临现场诊察"病因"——确实有股怪味,我仔细辨别,找到了"病源",于是返身走上讲台,依旧平静地上完了这节语文课。

课间,几个女孩子围着我,"老师,我们没说错吧?""是不是那个新来的有怪味?""我都快吐了"……

"哪有你们说得那么悬乎。"我笑道。

"哼,老师对刚来的学生偏心眼!"

"那换作是你们,我在课堂上说你们身上有怪味,你们怎么想?"

"我……我会很难受。"又是洁。

"同样道理呀,要知道,他也有自尊!"

"那老师肯定有妙招的!"

我笑着拍拍她们的头,回了办公室。到放学时,我留下了圆。在和他的聊天中,得知他和弟弟随做生意的父亲来此上学,妈妈在榆林那边出售药材。他们是湖南人,租住的地方很小,卧室、灶房都在一起。得知此状况,我委婉地告诉他要讲个人卫生,每天都要洗脚,每周都要勤洗衣服。他点了点头,眼泪却在眼眶里打着转。看着他背起书包回家的背影,我觉得内心好沉重。

班上安稳了没几天,谁曾想,好几个男生又来状告——新同学

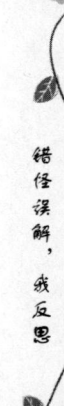

不讲卫生,身上好臭!我找来了孩子爸,简单说了一下孩子的情况,要求他多关注孩子的卫生状况。他浓厚的乡音我虽听不太清,但大意是:孩子小,自己还要做生意,孩子妈不在这边,他实在顾不了那么多,能吃饱穿暖就行了。事实如此,我也无语。可是随之而来的问题接二连三:他有时早上迟到,有时中午迟到,作业越来越乱,隔三差五不写作业,同学一说他,他就要动手。找他谈话,以不变应万变——一声不吭。我也试着用笔打开他的心结——"孩子,你来自湖南,那可是毛主席的家乡,你和他是同乡人,肯定在自豪的同时,也会更自信,更努力。"两三天之后,一切恢复原样。根据他对老师谈话的排斥心理,我让好脾气的班长雄跟他沟通。雄反馈:圆哭着说,他爸有时收药材回来很迟,兄弟俩吃不上饭,写着作业就睡着了;有时中午也没有饭吃;有时父亲早上走得早,不喊他们,就睡过头迟到了;没地方洗澡,爸爸又不给钱;内衣、袜子还可以,但外衣自己洗不动,爸爸又没时间洗,真想回到妈妈身边——因此故意犯错误,惹爸爸生气,也许会将他们"发配"到妈妈的身边。听完雄的汇报,我只能长长叹气——无力改变现实,在他随意的基础上,努力牵着他的手,走到哪儿是哪儿吧!

孩子成绩平平,卫生状况时好时坏,非常吃力地进入了初中的门槛,完成了初中的学业。

现在,步入社会的他已是两个孩子的父亲,生意也做得很不错。但反思自己当初的做法:真是要求太高!太急!如果我能"慢"下来,能像现在一样,当他的头发脏乱时领着他去理理发;不爱写作业,以学习用具或作业本找不到为借口时,给他买点文具或者一本好书,以激发他的学习兴趣,为他买钢笔字帖,再让他在练字的过程中练就平静的心态;时时在作文本上多写些鼓励、引导性的语言,让他逐渐振奋精神,产生快乐学习的动力,树立更高的学习目标;给同学们多做点思想工作,让大家也更加友好待他,慢慢用我和同学们的真情真爱打开他的心结,他定会更优秀,在人生大舞台上更出彩……

　　静下心来反思、忏悔——幼苗长成大树,需要时间。我会在今后的教育旅途中尽可能慢下来,牵着孩子的手一步一步前行!

小贴士:

　　幼苗长成大树,需要时间。教育,是不可能一蹴而就的。我们只能在教育中,一步一步地探索,在总结中不断反思,去寻找好的有效的办法,将前行路上的一个个"愧疚",变成鞭策自己向前的动力。

27. 心底的那双眼

文/王福琴

有一双眼，一直藏在我心底。

这双眼睛，不澄澈，更不智慧。但每每想起，我心里总会隐隐作痛。因为那双眼在拷问着我作为教师的良知。

刚踏上教育岗位，我热情很高，心里有股子不服输的劲儿。但什么是教育，根本不懂。只凭自己认为的认真和尽责去做事：课堂上，我按部就班，循着精心备好的教案实施教学，绝不走岔路；课下，我对学生要求严格，不允许一个学生落队。为了达到这个目的，即使下课了也不让那些"慢"孩子去休息，强行让他们待在教室背没背会的课文，写没有写会的生字。对于他们的委屈，我视而不见，反而认为是对他们负责。尽管如此，还是有个别孩子未能如我所愿跟上大家的脚步，尤其是小白。

小白，和他的名字相反，皮肤黝黑。最特别要数那双眼——很大，但缺少灵气。每每跟他说话，那双眼就会一动不动盯着你，时而眨巴一下。问他是否听懂了，他会用狠狠点头和眨眼代替回答，继而转身就走。

在付出了自认为很大努力后，我决定进行我教育生涯中第一次检测！检测前，我想象着自己付出换来的将会是很多孩子理想的成绩，不觉喜笑颜开。然而，理想和现实之间总是有那么一段距离。阅卷过程中，怒气不断充斥着我的胸腔，自认为无数遍讲过的知识点，孩子们应该烂熟于心，然而在卷面上反应出来却是一塌糊涂。理想和现实之间断崖式的差距，使我如一只充足气的气球，稍稍触碰就会炸开！再看看小白的卷面，跟他的皮肤一样黝黑！红色的错号，在上面更显得异常刺目，他30分的成绩成了触碰我爆发的外力，我一下子炸开了！

我拿着试卷，阴沉着脸走进教室。往日活泼调皮的孩子们异常安静，他们似乎也感觉到了我的怒气，一个个低着头。时而抬头怯怯地看看我，眼神中写满恐惧。不知为什么，看到他们这样，我的怒火熄了一半。可是，当我的目光略过小白，看到他低着头，手里玩弄着什么时，刚熄灭的怒火再次燃起。我如一颗点燃的炮仗般一下子炸开了，冲到他跟前怒吼道："干什么呢？考这么点分，还玩个不停？"

小白如同一只受惊的小鹿怯怯地看着我。

"一天来学校干嘛？自己不知道吗？就知道玩……"我越说越激动，如一头发疯的狮子，无法遏制暴怒，言辞也越来越激烈……

小白的泪花在眼眶里打转，但始终没有掉下来。

自那以后，他只要看到我就会匆忙离开。叫他来我办公室给他辅导，他却以各种理由推脱。我甚是担心，不是为小白，而是为自己，为自己的虚荣心——怕他影响班级成绩！

转眼间，到了期末的测评了，小白成了压在我心头的一块巨石，使我难以安眠。直到有一天，我偶尔听到了一个"妙招"。于是，在考试时，小白便有了一间特殊考场，这间考场内只有他一个考生，他的成绩依然在原地踏步，但我一点也不担心。

统考成绩终于公布了，我如愿成了学区第一名，随之年终考核也评为了"优秀"。

要领取通家书了。那天一大早，孩子们一个个兴高采烈，围着我叽叽喳喳问自己的成绩，我边表扬，边发给他们成绩单。拿到成绩单的孩子们如一只只快乐的小鸟飞回了座位。小白安静坐在座位上，伸着脖子，期待地看着我手里的成绩单。看到同学们高兴的样子，他也会随之鼓掌，随后眼神立马会回到我手上。直到我发完最后一张成绩单，所有人都坐好后，他才怯怯举起手问："老师，我的成绩单呢？"我愣愣地看着他充满真诚的双眼，不知如何回答才好，嗫嚅半天才吐出一句："你先坐下吧！"他的眼神中略过一丝失望，随即又端正地坐在座位上听我说话。当时我都说了些什么，我已然记不清了，只记得那一年，他留级了。

时隔数十年，我已成为两个孩子的母亲，心底也变得柔软了许多。每当孩子学习遇到困难而不得其解时，那种迷茫的眼神令我心疼，不觉便想起小白。那双失望的眼神连同当年那个"优"一起，深深地烙在我的心中，如一根钢针时时刺痛着我！

那双眼，藏在心底，成了我一生的痛，也成了我教育生涯中时时敲响的警钟！

小贴士：

"老师"这个称谓在孩子们心中是无比神圣的。可是，有时在虚荣心的驱动下，我们也偶尔会做出一些伤害孩子心灵的行为。真正的教育从来都不是带有功利性的。所以别让我们在"利益驱动"下做出一些伤害他们如天使般纯洁心灵的举动，别让自己的心灵时时遭受谴责！

28. 孩子，你进步了！ ❶

文/杨显菊

希望得到他人的欣赏与尊重，这是人类普遍的心理需求。人如果总是得不到这种需求，就会自暴自弃。处于心智发展期的学生更是如此。作为老师，就得根据学生的这种心理需求，善于捕捉学生的闪光点，让他们生活在希望之中，从而获得点滴进步。

刚刚接手这个班的第一天，同事告诉我，这个班整体成绩较差。来到教室，我和孩子们聊天，发现一个孩子总是不说话。我问他问题，他也不回答——他就是浩。

第二天上语文课，我又叫浩回答问题。他一脸茫然、慢腾腾地站起来，等了十几秒钟后，不见他吭声。全班同学可急坏了，纷纷举起小手，胆大的孩子干脆站了起来。

"老师，他很笨！"一个性急的同学大声说。

"老师，我来，他什么都不知道！"后边的孩子大声说。

一时间，教室里炸开的锅。显然，浩的"笨"点燃了孩子们的兴奋点。我的心里非常难过！幼稚的孩子竟然众口一辞称自己的小伙伴是"傻子"！更可悲的是，受到伤害的孩子竟然沉默无声！我当即郑重地宣布——在老师的心目中，每个孩子都是最棒的！在我们班上，没有一个人笨！今后谁也不许这样说！

从前任班主任那里我了解到，浩的家庭很困难，他的妈妈在他

---

❶ 杨显菊.孩子，你进步了［J］.科学咨询（教育科研），2010，3（9）：19.

很小的时候就离家出走了,父亲也几年没回过家,家中就剩下年老多病的爷爷和奶奶。浩经常是衣衫不整地来到学校。他从来不做作业,上课也从来不回答问题,下课更不和其他同学一起玩。多么可怜的孩子!我一定不能放弃他!要抓住每一个机会表扬他,让他树立学习和生活的信心!

  他上课能写几个生字,书写也很工整。于是,我让写字潦草的同学向他学习;他能做一点家庭作业,就多给他几颗星;他能听写对一个生字,就表扬他进步了……在学习上,我鼓励他,他开始抬起了头;生活中,我常常把儿子的学习用品送给他,他开始有了笑脸……慢慢地,从他害羞的表情中,我感受到了他在变化,在追求上进。

  又是一个星期一,我还没有走进教室,就听到学生告状——霞带的钱丢了。了解了情况之后,明确霞的确在班上丢了钱。于是,我要求学生检查自己的口袋里是否有钱——没有同学承认。我暗示道:如果某个同学捡到霞的钱了,就请悄悄交给老师,老师会表扬的——还是没有人说捡到。后来,我宣布:不查出丢失的钱就不上课!一节课就在僵持中度过了。下课了,我让孩子们去休息。不一会儿,就有学生说浩的桌子底下有钱,并且还指着他喊"小偷"。直觉告诉我,钱不是浩拿的。于是,我肯定地说:"我相信这钱一定不是浩拿的。但是,我也表扬还钱的小朋友,因为他把钱交出来就对了。"此时,我分明看到浩的表情从刚才的窘态中走了出来。

  从那以后,调皮的学生再不敢欺负他了,很多同学也愿意和他玩了,甚至帮助他。尤其是坐在他前排的那个孩子,经常帮助他听写词语,教他读课文。于是,我把他调去和浩做同桌,方便在平时的学习中帮助浩。

  慢慢地,课堂上能听到浩的声音了,能看见他举得高高的的小手了,平时作业也能按时完成了。更让我高兴的是,有一次生字听写中,他居然全写对了。有时候,单元测试也能及格了。在最后的期末检测中，他居然考了七十多分，这对他来说真是莫大的鼓舞。

"孩子，你进步了！"我当着全班同学的面表扬他。那一刻，我真真切切地看到了浩脸上甜甜的微笑。

在我和科任老师的共同努力下，浩各个方面都有了起色。我相信只要对他倾注信心、爱心、耐心，他一定会变成一个人见人爱的学生。

著名的教育家夏丏尊说过："没有爱的教育就不能称之为教育。"对于浩这样特殊的"慢"孩子，光有爱是不行的，既要让他在师生的尊重和肯定中获得自尊、自信，还得让他看到自己的进步，对自己充满希望。

我们对浩的尊重和关爱，让他丢掉了曾经所有的"绰号"，正在和同学们一起，努力成长，不断进步！

写到这里，我似乎看到了一个蜕变了的浩正在向我们微笑！

小贴士：

像浩这样的孩子，从小就没有感受到父母的爱、家庭的温暖、同学的友爱。这就需要我们老师关注孩子的一举一动，把他的喜怒哀乐装在心里，鼓励他的点滴进步。平时，除了陪伴他学习，还要多和他聊天，陪他做游戏，分享他成长的快乐，树立孩子成长的自信心。爱是一切教育的前提条件。教师爱学生，用欣赏的眼光看学生，尤其是后进生，用放大镜挖掘他们身上的闪光点，表扬他的点滴进步，激发孩子找到积极上进的自我。

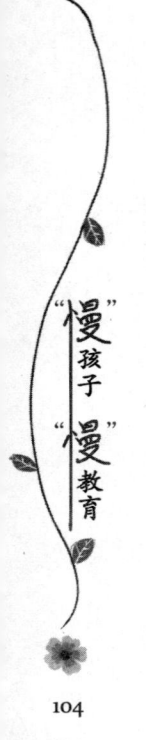

29. 不懂你，是我最大的错

文 / 翟晓华

就像她的名字一样，静是班上公认的"静"孩子。

课堂上，她总是坐得很端正：静静地听老师讲课，静静地看别人发言，自己却很少主动回答问题。即使有的孩子答非所问冒出个冷笑话，看着笑得前仰后合的同学们，她也只是露出浅浅的一笑，这笑转瞬即逝。

小学五年，虽然和同学们在一个集体学习，但静并没有和大家打成一片，而是活在她一个人安静的世界里。她的话少得可怜，我甚至怀疑五年里班上还有她没说过话的同学。她从不主动举手发言，除非是用"开火车"的方式读词语或者课文，才能逼着她在众人面前张开"金口"。我也习惯了她这个样子，顺其自然地过了一天又一天。

静在低年级的时候，语文成绩很一般，记忆力也不是很好。为此我和她妈妈沟通过，家长得出的结论是孩子笨，反应慢。可是，上了三年级后，她好像突然脑洞大开，语文成绩突飞猛进，超越了好多同学。我开始关注她，但每次我和她的目光相遇，总能感受到她的超级不自信，她拘谨到六神无主，甚至连走路的姿态都不自然了。

意外在你面前出现时，能惊起一江波澜。有一天上语文课，我安排用"开火车"的方式读课文。突然，一个特别好听的陌生声音传到我的耳朵，我不禁惊讶——是谁在读？（和我一起惊讶的还有班上的大多数孩子，他们也在抬头张望，好像寻找"外星人"一样。）顺着声音，我找到了声源。令我更加惊讶的是，这个美妙声音，竟然是曾经在大家面前说话只有自己能听得见的静发出的！我简直不敢相信自己的耳朵！

"刚才你们读书时，我听到一个声音婉转动听，好像是百灵鸟在唱歌，她是谁呢？"等所有同学读完以后，我开心地问大家。

孩子们笑了，一起把目光集中到静身上，随即响起了热烈的掌声。此刻的她，脸颊绯红，像一朵羞答答的玫瑰，偷偷地瞄了大家几眼，很快又低下了头。我猜想她当时的心里暖和得如同照进了夏日的阳光。我突然觉得好惭愧：同在一个教室里，她的朗读为何让我和所有孩子惊讶？是平时的成绩让她变成得心灵自卑、个性萎缩，还是我对她的熟视无睹呢？子曰："有教无类"！而我对她关注过多少？付出过多少？懂得她多少？这些问题，开始一次又一次撞击我的心灵。

在一次班会上，班长主持关于"感恩"的主题班会，有同学提议向老师表达祝福。胆大的孩子纷纷举手，大胆表达。轮到静时，她只字不说，站在座位上双唇紧闭，无助地看着催促她发言的同学们。我看她既紧张又难堪，就问她："你有话要对老师说吗？只选择'有'或者'没有'就可以了。"她还是吐不出一个字来。我赶紧帮她解围，把她请到讲台上，拍拍她的肩头，示意她放松，然后让她对我说悄悄话。我猜她可能是不敢大声说，然而，她还是不肯张嘴。

这孩子到底怎么了？是什么让她这样难以启齿？"好吧，静需要思考一下，你们继续，让她把想说的话写到黑板上吧！"我没有"放过"她，也不能再"放过"她了——我怕她会因为这次的"失败"再度失去勇气。终于，在其他孩子发言的时候，她在黑板上写下了："老师您辛苦了，谢谢您对我们的教育，祝您教师节快乐！"当她写下这句话的时候，我看到她腼腆地笑了。同学们随之为她鼓起掌来。

我的心情复杂极了。看着她写在黑板上的文字，深深的愧疚萦绕

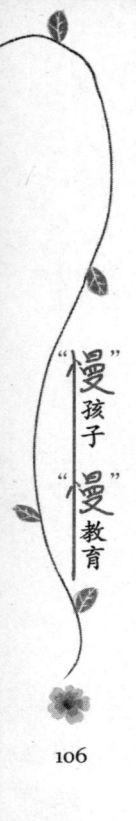

于心——明知她性格内向,为什么我很少关注她的内心世界?曾经因为她的"慢"给她带来的烦恼我知道吗?我们提倡的"素质教育"在她身上是如何体现的呢?

课间,我找到静,她局促不安地走到我跟前,不敢抬头看我。我静静地看着眼前这个胆怯的小姑娘,感觉自己像个"大灰狼"!

我小心问她:"你为什么在课堂上不举手发言?"她低声回答:"没想好。"接着,又是沉默。我不敢再多问,问多了会像批判一个"罪犯"似的。我捧起她的脸蛋让她看着我的眼睛,很认真地告诉她:"我喜欢你。我这个曾经因为不懂你而忽略你的老师,今天真诚地向你道歉……"

静的眼眶湿润了。

从那以后,她封闭的内心被我迟到的道歉打开了,也因为我的懂得,她变得不再自卑了……

老师不能只是一支默默流泪的蜡烛,还应是是一轮灿烂耀眼的太阳,照进每个孩子的心灵深处,让她们都能感受到温暖。因为静,每每遇到像静一样的孩子,我时时刻刻提醒自己:不要因为我们的不懂,让孩子依然行走在孤独无助的前行路上。

小贴士:

著名教育家苏霍姆林斯基在《要相信孩子》这本书中写到,我们从事教育工作的人的一条十分重要的真理:在了解儿童内心世界的时候,不应伤害他们心灵深处最敏感的地方——人的自尊感。不恰当的、没有分寸的关心,如果伤害了儿童的人格、自尊和自豪感,那么也会像直接的侮辱一样刺伤儿童的心灵。所以,关怀儿童,不仅要理解他们的精神世界,而且还要学会用他们的思想和感情来生活,把他们的喜怒哀乐统统装在自己的心里。

行为不端,我矫正

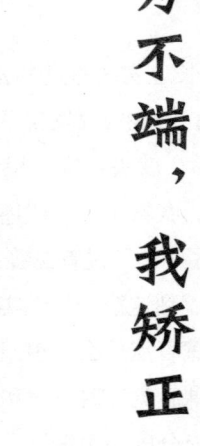

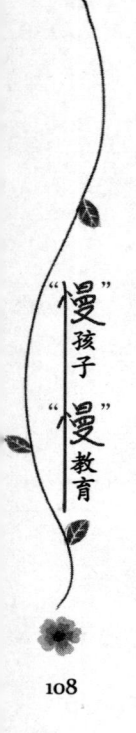

30. 给"自省"留个空间

文/薛卉琴

教师节如期而至。如期而至的，还有刚刚大学毕业的学生——新。

"老师，您对我的教育我一辈子都不会忘记！"这是新每次来看我时都会不断重复的话。望着新充满感激的目光，十年前的一件小事又清晰地浮现在眼前。

午自习的铃声刚过，班长急匆匆跑进办公室说新的50元资料费没了。我忙把新叫到办公室，问他到底发生了什么事。新静了静，低着头说："中午拿钱到学校后，就夹在字典里了。第一节课下后我看了，钱在。课外活动的时候，我看了看，钱还在。可是，到下午自习的时候，我再看，发现钱没了……"说着说着，他哭了。

听了他的讲述，我隐隐感到这孩子没说实话，尽管他声泪俱下，但直觉告诉我，这孩子心里藏着点什么。想想新以前的种种表现，撒谎、玩游戏、不写作业、上课睡觉、时不时和同学打架，老给我制造一些麻烦，而且每次他都有充分的理由辩解。不知道这次，他葫芦里又卖的什么药！

我递给他一杯水，让他冷静下来后问道："中午到校一直到下午自习这么长时间，你为什么不交给老师，却要一遍又一遍地看钱是否丢了呢？"新突然抬头看了我一眼，又迅速低下头，支吾着说："我……我打算放学了交的。"

凭着成年人的经验，我断定他又在撒谎！于是，我坐在他对面，语重心长地给他讲了好多道理，从做人的基本道德要求"诚实"开始，讲了很多相关故事，但始终没有说出他在撒谎。

半个多小时过去了，新慢慢抬起了头。我以为他听懂我说的意思了，便问"你明白了？"他低声说："老师，我错了！"

一种莫名的兴奋感从心底涌起，我以为自己成功了。

"你错哪儿了？"我紧追不舍。

"我不该把钱夹在字典里！"

我万万没想到，他竟做出这样的回答。我刚刚涌起的喜悦之情一下子灰飞烟灭了！看来，我苦口婆心半个小时的工作完全白做了！看着他憋得通红的脸，我感到一阵心痛。一种"山穷水尽"的迷茫笼罩了我的心。

下午自习时，我徘徊在教室里，不时看看新。只见他和其他孩子一样，写写算算，好像什么事都没有发生。这孩子太不简单了！如果这次再让他得逞，后果将不堪设想！想到这里，我不禁打了个冷颤。不行！我不能就这么放弃！

放学了，我有意识地和新走在一起，又聊起他丢钱的事。我说："孩子，回去好好回忆一下，我感觉你的钱并没有丢，一定是你放在什么地方了。其实，一个人最大的敌人就是自己，很多时候，人常常和自己做斗争，能战胜自己的人是最有出息、最了不起的。要知道，有些东西丢了，可以找回来。可是，如果把自己丢了，就再也找不回来了！老师相信，你一定能找到钱，找回失去的东西……"

新一直没有说话，低着头，走得很慢。但我感觉得到，他在用心听我说的每一句话。偶尔，他会抬起头看我一眼，但那眼神里的东西，已不再让人琢磨不透。

第二天早自习查班，我发现新来得很早，他的脸上洋溢着轻松和愉快。我忽然一阵激动，难道他真的想通了？

下自习后，新来到我的办公室，低着头说："老师，我把钱找到了。"他递给我一张折成小方块儿、压得很平的50元钱。

我紧绷的心一下子释然了，高兴地拍拍他的肩说："找到就好！祝贺你，你终于跨过了这道坎儿！你能释怀，是最值得高兴的事！回教室学习吧。"

新长长吁了口气，对着我深深鞠了一躬，然后如一只可爱的小燕子似的飞回了教室。

上课前，我向同学们宣布："新的钱找到了，是他夹在其他书里忘了，请大家不要再相互猜疑。另外，希望大家以后做事一定要细心，不要马马虎虎的，一遇到问题就怀疑别人。相信大家都是好样的……"我下意识地看了看新，只见脸色通红的他眼睛里溢满闪亮的泪。

从此，新像变了个人似的，上课不再打瞌睡了，作业也交得及时了，学习分外努力，而且再没有发生过和同学打架的事。一年后，他考入一中。三年后，他顺利考入理想的大学。

新的故事让我常常在想一个问题：初中学生正处在人生的关键期，在人生观和世界观将成未成之时，作为班主任，我们的教育方法和处理问题的方式可能会影响一个学生一生的命运。面对处在心理"断乳期"的孩子们，教育的方法和手段显得那样重要！世界上没有两片完全相同的树叶，人作为有思想、有个性的生灵，更是千差万别。所以，教育没有万能公式。对于处在幼稚与成熟交错、独立和依赖并存、自觉与盲目交织的错综复杂环境中的充满矛盾的生命体，我们固有的教育方法显得那么力不从心，老生常谈的那些大道理、大准则显得那么鞭长莫及！真正能够入心的教育，是拨动他们心灵深处那根最脆弱、最敏感的心弦，是和孩子们心灵相通的一种宽恕与体谅。所以，初中的班主任，要敏锐地洞察学生心底的每个角落，摸清他们心底的每根琴弦，设法和他们的心弦对准音调，调整他们心中的不和谐音符，以对学生一生负责的态度，俯身交谈，巧妙应对。适当的时候，给他们一定的自我反省空间，帮助他们认识错误，自己纠正错误，自己爬过人生道路上的一道道坎儿。因为，只有能够激发学生进行自我教育的教育，才是真正的教育。

当学生自己能够走出泥泞，绽放笑容时，我们的教育就向更高的层次迈进了一步。

小贴士：

真正能够入心的教育，是拨动学生心灵深处那根最脆弱、最敏感的心弦，是和孩子们心灵相通的一种宽恕与体谅。作为一名班主任，要敏锐地洞察学生心底的每个角落，摸清他们心底的每根琴弦，设法和他们的心弦对准音调，调整他们心中的不和谐音符，以对学生一生负责的态度，俯身交谈，巧妙应对。适当的时候，给他们一定的自我反省空间，帮助他们自己认识错误，自己纠正错误，自己爬过人生道路上的一道道坎儿。因为——真正的教育，是自我教育。

31. 不去揭穿他的谎言

文／薛卉琴

周末逛超市。穿过日化买区，迎面走来一位中年妇女，笑盈盈向我打招呼："薛老师，好长时间没见过你了！"

"你是……辉妈妈！"我差点没认出她来。"你在这儿打工吗？"

"嗯，给辉做饭，平时在这里挣几个房租钱。你还好吧，辉经常念叨你呢。"她拉着我的手，一脸的激动。

"我还好。"我问她，"辉学习怎么样？他现在爱去学校吗？"

"爱去爱去。上初中后他再没逃过学，学习也自觉了。多亏那会儿遇上了你，不然的话，都不知道他会变成啥样……"

听了辉妈的一番话，我的脑海里又浮现出一年前在秦王小学支教带班的一幕幕往事。

检查早读，发现辉的座位又空着。孩子们告诉我，早上他来了，但是组长检查作业时他突然胃疼，又回去了。

怎么又胃疼了呢？最近都疼好几回了，家长该带他去医院好好检查一下了，孩子有病怎么能耽误呢？于是，我拨通了辉父亲的电话。电话那头，辉父亲告诉我，前两天带他去过医院，还做了透视检查，大夫说胃没啥问题。

"这孩子的老毛病又犯了，他一定是在装病，用这种方法逃避老师检查作业。二年级的时候，老师布置的作业完不成，就装病不去学校。我们还以为他真的病了，便顺着他，让他在家休息。可是一到家里，病就好了。这样，时间长了，耽误的课程太多，实在跟不上了，只好休学了。呆在家里的一段时间，他好好的，什么病都没有。哎，您说他现在都六年级了，还这样，怎么办呢？真是愁死人了。"辉的父亲讲述着儿子的"老毛病"，愁得只叹息。

装病？逃避检查？辉父亲的话使我想起前不久作文课上的事。对，那次就是检查作文的时候，辉趴在桌子上，一只手捂着腹部，一脸痛苦的表情，我还让他到我房间喝热水呢！

小家伙，竟然用这种方式骗取别人的同情和怜悯，以推脱自己不做作业的责任，还真想得出来！这种毛病一旦养成，后果不堪设想，得尽快扼止这种行为。

下午，我把他叫到办公室，问他早上怎么没到校。他说自己到校了，但是胃疼，又回去了。我问他胃现在还疼吗，他说喝了药不疼了。我本想检查他昨天晚上的作业，借此戳穿他装病的谎言，好好教训他一顿。可是转念一想，要是我一提起作业，他的"胃"突然又疼了，我该怎么办呢？

不行，不能直接批评他。我告诉自己，得采取迂回战术。于是，我给他倒了一杯热水，说："喝点热水吧，这样对胃有好处。"

他接过水杯，默默地喝水。

"你爱看电视剧吗？"我问他。他朝我点了点头。我告诉他，我也爱看电视剧，尤其是抗日题材的。在电视剧里，常常看到战场上年轻的战士身负重伤，还要坚守阵地，与敌人浴血奋战时，感动得流泪。我告诉他，男子汉就要像那些战士一样，有骨气，要学会坚强，学会忍耐，不能一有点痛苦就退缩。我鼓励他坚持锻炼身体，与"疾病"作斗争，不要动不动就吃药，俗话说是药三分毒，药吃太多反而对身体不好。我还给他讲了一个因为乱吃药导致肾衰竭的故事。他很认真地听着，脸上的表情只有我能读懂。

接下来的几天，他一直按时到校。我有意识地给他布置一点点作业，保证他能很快完成，所以他也没有突然"胃疼"过。

期中考试结束了。这天，我拿着试卷来到教室。没想到课前还追逐打闹的辉看见我手中的试卷，突然趴在桌子上，一只手捂着肚子，又露出了痛苦的表情。

我知道他在想什么，故意不去看他。我一个一个发试卷，一个一个纠正卷子上的错题。我看见他双手捂着肚子，开始"痛苦"地呻吟了。这时，黑板上的一个同学把"教诲"又写成了"教悔"。我灵机一动，请辉帮他纠正。我知道辉会写这个字，因为试卷上他写对了。

辉弯着腰捂着胸来到黑板前，在黑板上写了"教诲"，我乘机表扬了辉，夸他最近学习认真细心了，意志也坚强了很多，还能带"病"坚持上课，不像有些同学稍微有点不舒服就不来学校了。这次考试成绩也不错……

在同学们的掌声中，辉挺着腰自豪地回到座位上，一脸的灿烂，完全忘了之前的"痛苦"。在发他的试卷时，我没有批评他，让他自己纠正试卷上的错题。没想到他反应特快，好像突然变聪明了，试卷上一些错题他居然都改对了。

此后，辉再没有"胃疼"过，作业能按时完成了，学习也慢慢进步了。小学毕业考试，他的成绩也比较理想。

教育真是一门艺术。尤其面对那些特殊的学生，很多时候，委婉迂回的教育效果要比直接的批评教育好得多。不去揭穿他的谎言，是不想伤害他的自尊；有意"相信"他的谎言，是寻找机会，唤醒和等待他的自省。

突然想起课文《我的伯父鲁迅先生》中，伯父和"我"谈《水浒传》，当伯父听"我"张冠李戴乱说一气时，伯父一句"哈哈！还是我的记性好。"，却让"我"感到"又羞愧，又悔恨，比挨打挨骂还难受。从此，读什么书都不马马虎虎了。"

试想一下，倘若当时伯父直接批评"我"读书马虎，让"我"颜面扫尽，又会是怎样的情形呢？倘若我揭穿辉"装病"的谎言，狠狠批他一顿，使他无地自容，又会是怎样的结局呢？

小贴士：

教育真是一门艺术。尤其面对那些特殊的学生，很多时候，委婉迂回的教育效果要比直接的批评教育好得多。不去揭穿孩子的谎言，是呵护他的自尊；有意"相信"孩子的谎言，因势利导，是寻找机会，等待和唤醒他的自省。教育的起点，应该是呵护。

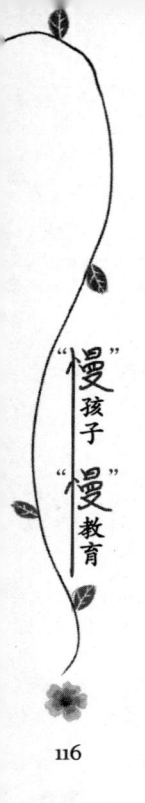

32. 回"家"的莉莉

文/薛卉琴

课外活动，我从教研室出来，准备去宿舍找本书。经过舞蹈室门前，发现几个孩子在跳舞，其中有我班的几个女孩子。出于好奇，我来到她们跟前。

原来跳舞的孩子都是舞蹈社团的，玉儿、娇娇和莉莉正在给几个新入社团的孩子当教练。我这才想起，周二社团活动时，我们用上学期学过的广场舞《中国范儿》排练节目，几个新入团的孩子基本动作不会，所以排练的进程比较慢。校长看了后，很着急，他要求必须在四月初拿出节目，迎接学校"均衡化"验收。我掐指一算，还有不到两周时间。然而，一周只有两个多小时的排练时间，这个任务对我来说有点艰巨。看到我犯愁了，我班的几个女孩子说，她们想办法尽快给新入团的同学教会《中国范儿》的基本动作。

眼前，玉玉和娇娇一对一给我班的婷婷和娟儿教，莉莉正在给二年级的两个小姑娘教。只见她面带微笑，一会儿做示范，一会儿纠正俩个小妹妹动作不到位的地方，那样耐心细致，一丝不苟，俨然一个称职的舞蹈教练！看着她的样子，两周前发生在她身上的故事又浮现在眼前。

十几天前的一个周末，莉莉和爷爷发生矛盾，被爷爷训斥了一顿，她怄气离家出走，把自己藏起来，第一次夜不归宿。我知道后，找遍了她所有的同学、亲戚家，仍是不见她的踪影。打电话不接，发短信不回。我束手无策，只好向"三人行班主任工作室"的丁柏恩老师求救。丁老师告诉我，先搞清楚事实，不要急着批评。批评严重了，她很可能封闭自己。让我见到她后耐心倾听她的心事，听她讲这两天的见闻，无条件接纳她。等她精神松弛下来，让她确信我关心她、保护她，再跟她讲作为一个女孩怎么保护自己。

可是，当务之急是要找到莉莉！我含泪给她写了一封长信，想用我的真情打动她。然而，却石沉大海，仍然不见她任何消息。莉莉是一个从小没有妈妈、爸爸又不在身边的青春叛逆期孩子，她虽在家中出走，但八十多岁的爷爷无力找她，我怎么能袖手旁观！记得"三八"节那天，莉莉做贺卡叫我"妈妈"。一个她想"一生一世叫妈妈"的人，怎么能不管不顾她的安危？那个双休，我可以说被她折腾得焦头烂额，身心疲惫，一度陷入绝望！

说实话，这个班的孩子情况太特殊，像莉莉一样没有妈妈的孩子就有五个，还有很多留守孩子，他们缺少爱，缺少关照，缺乏管教，心理不够健全。在他们身上，有很多不好的习惯。给他们当班主任，我真是如临深渊。很多时候，不知下一步会不会掉下去！我努力地为他们创造阳光平台，开设"正常教学"之外的活动，希望用自己的力量能让他们的习惯改变一点，心理健康一点，生活幸福一点……可是，莉莉的事让我明白，我的力量有多么渺小！一种前所未有的身心交瘁感弥漫在心头，感觉自己好累！

周日晚上十一点，莉莉在堂姐的诱骗下，终于露面，被家人带回家。我不知道她回家后发生了什么事，只记得她大妈打电话告诉我，莉莉周一会按时到学校里来。

那个晚上，我几乎整宿未眠。我计划了很多种见到莉莉后如何教育她的方法。一次次设计，又一遍遍推翻。我想起三八节那天她给我做的贺卡上，说要"一生一世叫我妈妈"；想起她从小跟爷爷一起生活，没有怎么享受过父母的爱；想起出事那晚，她大妈发在班级微信

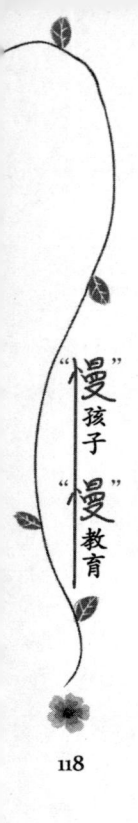

群里说她一些"劣迹"的语音；想起丁老师的话……

周一早上，我来到教室，发现莉莉坐在座位上，一直低着头，也没怎么读书。我和往常一样，检查了其他几个孩子的作业，没有理她，也没有在班上提及周末发生的事。接着上课，课堂上的莉莉一直低着头，不敢看我。我知道，这节课她什么也没听进去，我当然也没有提问她。直到大课间的时候，我把莉莉叫到宿舍。

她一进门，我就将她揽入怀中，紧紧地抱着她，一句话也没说。这时，莉莉在我怀里开始啜泣。我抱着她，轻轻抚摸着她的头发。等她哭够了，我捧着她的脸，看着她的眼睛，只说了一句话："做我女儿吧！"这时，莉莉又扑到我的怀里，放声大哭起来。

我等她情绪平静下来之后，从衣兜里掏出事先准备好的绿松石项链，戴在她的脖子上，轻声说："这是妈妈给你的礼物，你看，和我的一模一样。从今以后，你就是我的女儿了，有什么事一定记得告诉我，我会帮你！"

莉莉又一次哭了。她看着我，哽咽着说了一句话："谢谢妈妈！"

莉莉在素材本上写了一篇作文《我有妈妈了》。字里行间，是心酸，是感动，也有深深的内疚。

之后的莉莉就像变了一个人，上课发言明显积极了，作业也认真了许多。为了让她的心灵阳光起来，温暖起来，我给她找了一本童诗，让她每天抄一首。没想到，一个星期，她居然抄完了一本童诗，还在循环日记上开始仿写童诗。

二月二那天恰逢周日，又是莉莉的生日。我给她发了祝福短信，并答应周一补一个生日礼物。她高兴极了，说自己过生日的时候，虽然还在地里劳动，但有"妈妈"的祝福，她很开心。周一早上，我兑现诺言，给她送了一个水杯，并提议全班同学给她唱生日歌。那天，她站在讲台上，对着同学们深深鞠了一躬，流着泪说，这是她有生以来过的最隆重的生日！

眼前，莉莉依旧一丝不苟地给小妹妹教跳舞，脸上洋溢着美丽的微笑。而我却心潮澎湃，难以自已！莉莉，我的女儿，但愿你永远这样阳光、自信、快乐……

小贴士：

　　单亲家庭的孩子缺失亲情、缺乏关爱、缺少温暖，他们虽然性格孤僻、自卑冷漠，但内心却非常渴望被疼爱、被关注、被尊重。打开他们的心扉，唤醒他们自信心最有效的途径，就是用真诚的爱在他们一度荒芜的心田播种爱的种子，以爱育爱，用心灵温暖心灵。

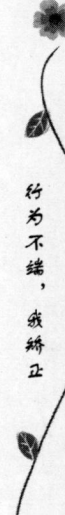

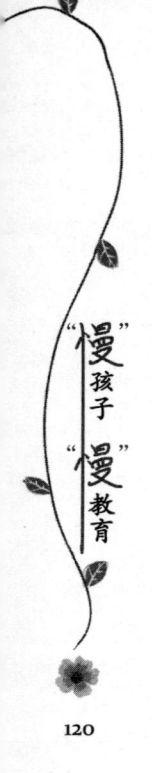

33. 给他一个拥抱

文/薛卉琴

清明小假期间,"班主任工作室联盟"群内的一位老师转发了一段爆料小视频:在一间农村小学教室里,一名大约七八岁的小男孩不知什么原因和老师发生冲突,哭喊着厮打一名中年男老师。这位老师看上去一直在劝阻、在躲闪。用主播的话说,在"保持克制"。孩子情绪失控,提起凳子砸老师,使劲推翻桌椅,狠命摔凳子发泄。教室里狼藉一片。旁边的同学们先是有人劝阻、躲避,接着便拍手起哄。视频中有一名女教师的声音,好像是在提醒这位男老师把校长叫来,给家长打电话。视频最后,是小男孩歇斯底里地吼叫。

这个视频,我反复看了几遍。视频主播说:"视频内容引发网友的关注和议论。"我不知道网友们如何热议这件事,作为一名老师,我想说说自己的看法。

从视频画面看,孩子显然是情绪失控了。至于什么原因导致他与老师发生矛盾,我们不得而知。但可以肯定的是,那位男老师的态度与处理方式、围观孩子的起哄、幕后拍摄视频的人以及那个提醒让当事人叫校长和家长的女教师,是事态不断升级、孩子情绪失控乃至歇斯底里的诱因。我想象不到这件事后来以何种局面结束,但可以预测,朝着视频内容所指向的发展,这件事对这个孩子的成长一定会有很大的影响。

这段视频背后，隐藏着很多值得思考的问题。从孩子情绪失控且闹出这么大动静来看，我们可以做出这样的推断：一，这孩子可能患有精神类疾病。二，孩子的家庭教育严重出了问题。像这种表现，常常出现在过度娇宠溺爱、缺乏约束的孩子身上。不过，这是医学和家庭教育的话题。我想要说的是这个视频所隐含的让人尴尬的教育现象和老师处理此类事件应具备的智慧和能力。

针对视频中男老师面对孩子时的"克制与躲闪"，群里几位老师认为，这是社会上的"医闹""校闹"现象给老师造成了心理阴影，在遇到特殊学生的问题时，尽量选择躲避风险，俗话讲"惹不起，躲得起"，所谓"明哲保身"。拍摄视频，也可能是一种自保行为，以防万一出现意外，家长的误解会让老师陷于困境，受不白之冤。

这的确是一个让人心痛的话题。"害怕危险的心理比危险本身更可怕一万倍"，由于个别媒体无原则、无节制地大肆宣传"校闹"个案，使得"害怕危险的心理"在上级领导、学校管理者以及教师群体中肆意蔓延，使得一线教师面对问题学生，如履薄冰，谈"生"色变，人人自危，个个自保。育人与教学不能同步，学校教育陷入让人尴尬的境地。

当然，这是个社会问题，需要社会的关注、思考与解决。作为老师，我们所能思考的，是如何理性智慧地去处理眼前发生的事。

视频中狂躁的小男孩也不过七八岁，一个正值壮年的男老师，怎么会控制不了他？任由其发狂呢？小男孩高举着凳子乱砸，伤着了其他孩子，或者在极度失控下自残，你的"克制""躲闪"和"视频"又有多大的意义呢？群里新都一中的罗老师说，这么一个小孩子显然是可以控制的。如果是她，她会第一时间拥抱小男孩，平复他的情绪，让他安静下来，再处理。

我觉得罗老师的想法是很理智且很有效的。记得十年前，我也遇到过类似的事情。那是一个学前班的学生，开学第一天，家长送他到学校。开始他很听话,牵着妈妈的手走进教室,找到自己的座位坐下。可是,当看着他妈妈转身离开了教室,他突然大声哭喊起来,同时起身往教室外面跑。我知道这是学前班小孩子常有的表现,第一次离开妈妈来到陌生的环境,多少有些恐惧,过一段时间就会适应。于是,我拉住孩子,示意他的妈妈尽快离开学校。没想到这孩子竟然情绪失控,对我"又踢又撕又打",甚至歇斯底里,拿起凳子砸我。别的孩子都吓坏了,有几个女孩甚至哭了起来。怕伤着其他孩子,我将其揽入怀中,紧紧地抱着他离开教室。我请一位同事帮我去管理其他孩子,我抱着他去我的办公室。一路上他又哭又闹,手都抓破了我的脸。

来到办公室,他的情绪依旧很狂躁。我放下他,"嘭"一声关了门。这一声"巨响"的确有震慑力,他一惊,居然不哭了,哽咽着,睁大眼睛恐惧地看着我。我知道他是害怕了,毕竟他只是个孩子。我没有理他,拿毛巾擦了擦被他抓破的脸,然后蹲下来给他擦脸。这次,他居然没有反抗,虽然仍在哽咽,但情绪明显缓和了许多。我还是没有说话,转身倒了一杯水,一边喝、一边看着他。他也看着我,哽咽着。过了一会儿,我问他喝不喝水,他不说话。我把杯子递到他嘴边,他却张开嘴巴喝了两口。这时,他已经很平静了,那种恐惧的眼神也不见了。我放下杯子,拿把椅子坐在他面前,拉住他的手,跟他说了很多关于学校和小朋友的事,告诉他现在他已经是个学前班的小学生了,和小朋友在一起,有很多好玩的游戏。最后,我指着桌上的一沓书说:"这些新书,就是给你们的,里面有很多有趣的画和有趣的故事。"说着,我取了一本,翻开让他看。

这时,他完全不再哽咽了。我给他先发了书,然后抱着其他书说:"走,我们给其他小朋友发书去!"我牵着他的手来到教室,请他帮忙给每个小朋友发书。就这样,一切恢复正常。后来,这孩子再也没有这样闹过。

也许，我所遇到的小孩情绪失控跟视频中的小孩情绪失控的原因不同，但我认为，对于视频中情绪失控的小孩子，教师应该及时采取行动加以控制，而不是躲避，更不应该打电话叫校长或者家长，给孩子的狂躁情绪火上浇油。其实，生活中我们经常会看到家长面临小孩子情绪失控闹腾的情况。家长们的处理方式大致有三种：一是暴力控制，使孩子恐惧，从而屈服；二是冷处理，不理他，让他觉得没意思了，发泄完了，自然了事；三是拥抱孩子，抚平他的情绪，等他平静下来，再处理。

作为患有"害怕危险心理症"的老师，我们不能回以暴力，也不可以冷处理，以防出现意外。但可以给他一个拥抱，拍拍他的肩膀，让他的狂躁在你的怀抱中得到缓解，让他感受到你真实的温暖，感受到爱，从而使他此刻的委屈、痛苦得到安慰，恐惧感减小，情绪会逐渐平稳。之后，再心平气和地跟他讲道理，从而解决问题。

我坚信拥抱的神奇力量，它会拉近人与人之间的距离，化解心与心之间的怨恨，消除积压在心底的委屈和不快……

面对问题孩子失控的情绪，请给他一个温暖的拥抱吧，它会帮你妥善解有效地决问题。

小贴士：

拥抱具有神奇的力量，它会拉近人与人之间的距离，化解心与心之间的怨恨，消除积压在心底的委屈和不快……对于情绪失控的孩子，最有效的办法就是给他一个拥抱，让他的狂躁在你的怀抱中得到缓解，让他感受到你真实的温暖和爱，从而使他此刻的委屈、痛苦得到安慰，愤怒、恐惧程度减小，情绪会逐渐平稳。之后，再心平气和地跟他讲道理，从而解决问题。

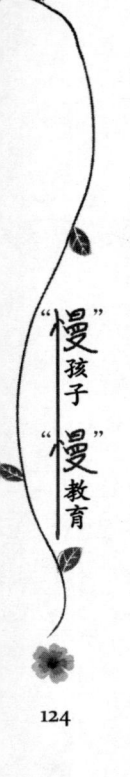

34. 不能输给他

文／薛卉琴

周末，本想睡个懒觉，怎奈习惯成自然，不到六点就自然醒了。看来，上了点年纪，想偷个懒也难！伸伸懒腰准备起床，发现右胳膊有点疼。哦，对了，这应该是昨天和一个学生打乒乓球比赛所致。好长时间没有这样剧烈运动过了，胳膊、腿也娇气了。

说到和学生打球一事，还真有点小激动！事情的原委是这样的。

最近一段时间，晓东的学习状态不尽如人意。上课不认真听讲，老走神，有时还打瞌睡；课后作业不认真做，书写潦草，偶尔还有不交作业的现象。据组长反映，这两天，晓东的每日素材只写几行字，敷衍了事，还不听组长劝告。

"你觉得晓东的问题出在哪儿？他是不是还在迷恋电视？"听了组长的话，我很担心，想尽快找到原因。

"应该没有，晓东说，自从开了家长会后，家长就把电视的接收线给掐了。他说他跟电视'失恋'了！"组长说着，笑了。

迷恋电视是晓东以前最大的问题。为此，我找家长谈过多次，可收效甚微。前几天的家长会上，我就中学生迷恋电视影响学习一事，专门与家长做了交流和沟通。几个留守孩子的家长反映，孩子的父母不在，爷爷奶奶管不住孙子。孩子晚上一放学就一直缠着电视不放，说不听，他们自己也实在没有办法，干着急。于是，我建议家长，为了彻底断了孩子看电视的念想，可尝试暂时掐断电源，全家人都不看电视。看来，晓东家长做到了。

"那会是什么原因呢？"我一直认为，孩子们的事，还是同伴最了解。

"我想，应该是乒乓球。"组长清了清嗓子，讲述了晓东最近热衷于打乒乓球的种种表现。

不知什么时候开始，晓东的书包里多了一只乒乓球拍。一下课，他就疯一般冲下楼抢球台。有时候，他为了打乒乓球，连中午饭都不吃，作业也不按时做。还有好几次，他打球忘了打扫卫生，害得整个小组被班长扣分……

原来如此！这孩子，迷罢电视又迷打球了。迷电视不利于孩子的健康成长，我们有充分的理由阻止。可是这打球，似乎不是件坏事。想起前几天，晓东在循环日记中这样写道："我要为我的梦想——成为一名优秀的乒乓球运动员而发奋努力！"有梦想是非常可喜的事，为此，我还大大赞扬了他。可是现在，我总不能出尔反尔，说打球不好，说他因为打球影响了学习，再把他的球拍没收了，把他美丽的梦想也给掐灭了吧？

我该怎么收拾这个小家伙呢？说教肯定没有作用。我知道，对于刚刚进入青春期的孩子来说，最能起作用的教育，就是直击心灵，让他心服口服。可是，我又怎样做到让他心服口服呢？我思索着。解铃还须系铃人，对，他迷恋打球，那就用打球来治他！

大课间，我宣布和晓东单独打一场乒乓球。我开出赌注：如果晓东赢了，他可以继续打球，老师不再干涉。如果我赢了，则罚他两周不许靠近球台，直至他的学习状态完全好转。另加一条，如果他学习进步了，以后我陪他打球，作他的陪练。

一石激起千层浪。孩子们听了我的话，群情激奋，掌声四起。晓东更是满血复活，看他涨得通红的脸，那双清澈明亮的眼睛里，是一副志在必得的神情。

"战斗"在孩子们的呐喊声中开始了。说实话，对付晓东，我心里有谱。虽然我的球技不怎么样，但他毕竟只是个孩子。然而，开战没几个回合，我就有些心慌了。这家伙，万不可轻视！你看他一会上旋，一会儿下旋，偶尔还来个反手侧下旋，他的挡、推、削、攻水平一点都不在我之下！

不行，我决不能输给他！如果输给他，我所有的心思都将白费，一切计划都将落空！于是，我拼尽全力和他"顽强斗争"。有时，一个拉锯战会持续一两分钟，耗得我筋疲力尽！还别说，我是真心佩服晓东的毅力和球技！

一个大课间，我们只打了一场球，最终，我以 21 比 19 险胜！没想到，气喘吁吁、满头大汗的他看着同样气喘吁吁的我，竟然开心地笑了！

我相信，他的笑是发自内心的心服口服。我也相信，他以后会努力调整学习状态，好好学习，争取更好的成绩的——为了他两周后能重新打球，也为了能让我作他的陪练！

昨天的剧烈运动，虽然胳膊有些疼痛，但回想起整个过程，心里还是满满的幸福！

小贴士：

抓住契机，利用"爱好"，有针对性地进行引导、刺激和教育，是唤醒晓东这样的特殊孩子有效的方法。"以彼之道还施彼身"，有意识地利用其现有的"兴趣爱好"，将其引领到学习生活中来，变阻力为动力，促使其改变认识，激励其奋发向上。

35. 陪你慢慢成长

文 / 周丹

在漫长的教学生涯中，一些孩子的身影让我们一直难以忘怀。在他们身上，我们曾倾注过太多的精力和心血。

豪是留给我印象较深的一个。初入一年级，孩子的"天性"在他身上展露无遗，他最大的特点是我行我素。这样的孩子走进班级，给我也带来了不少麻烦。

课间操站队，他总是跑到离队伍较远的沙堆踢沙子，任我怎么警告，他对沙子的兴趣丝毫不减，害得我每次课间操都要紧盯着他。后来只好安排一个同学跟随监督，他的站队问题才得以解决。

卫生方面更是让人煞费脑筋。他的脚下总有收拾不完的纸屑、瓶子、跳绳……任你怎么管束，那些东西就像是从地里冒出来似的，源源不断。实在没辙，组内同学帮忙收拾，可还是根除不了。直到后来他自己当了卫生组长，这种状况才有改观。

在学习上，豪完全随心情。一年级时，他在课堂总是跟我唱反调，数学课，他就做语文作业。语文课，他又拿起数学书忙个不停。好言相劝或严厉警告之后，他就算拿出数学书，可还是我行我素，乱涂乱画，书成了他的玩具。每学期他都要用两套教材，直到二年级上学期才改变过来。

平时做卷，他会在你看不见的时候悄悄把卷子撕了。一年级期末时，教导处到处查一张没写名的试卷，上面还有学生自己批的一百分，最终调查结果，又是豪的所为。真让人哭笑不得。面对如此难缠的豪，我只有极尽耐心，静待他长大。

不论豪给我惹过多少麻烦，我给他的爱总比其他学生多一点。因为我要让孩子幼小的心灵感觉到，在这个世界上，无论他犯了多大错误，除了父母，还有老师永远不会遗弃他。三年级时，豪基本能安静地坐到好学生身边，也能与其他同学融洽相处了。

问题孩子的背后一定有一对问题家长，豪也不例外。他的父母对他完全散养，沟通多次都难见效果。我更相信苏霍姆林斯基转变特殊学生依靠集体力量的做法。豪的成长离不开班级同学的友爱，他们从不歧视豪，还热心帮助他辅导功课等。为了不拖班级后腿，豪表现得越来越积极。

对待孩子的教育应放大其自身的优点，加以鼓励引导，假以时日，那些缺点会逐渐消失。在豪的身上，我基本采用了这种方法，很少当众批评他。我不断给他强化的是——你进步了，你也可以成为班里的好学生。渐渐的，他也真的向好学生看齐，最终也赶上了其他同学的脚步。六年级毕业时，豪取得了不错的成绩。更可贵的是在集体中，他懂得爱他人、爱集体，这令我足够欣慰。

回想陪他走过的历程，尽管花费了很多心血，但看到他的成长，感到一切付出都值得。"慢"孩子需要我们更多的付出，更精心的呵护。一旦在教育上操之过急，往往会让这些娇嫩之花折损。只要给它们足够的养分，适当地修剪，一路关注，一路陪伴，到了花期，它们也一样开得娇艳。

小贴士：

　　对待慢孩子，教育者应多挖掘其自身优点。一再的批评，只会固化他们对自己的看法——"我很差"，在他们身上"欲速则不达"。只有顺应他们的成长节拍，给予最贴心的爱，宽容他们的错误，呵护他们的成长，才会取得令人欣喜的成果。

36. 让教养的种子发芽

文 / 王旭红

五年过去了，我的学生璐已经是高二的学生了。今天在我们学校校门口遇到了她。她看到我，就像女儿见到了久别的母亲，激动地扑了过来，给了我一个满满的拥抱。她出落得越发漂亮了：高挑的身材，合体的校服，扎着高高的马尾辫，白皙的脸蛋上一对小酒窝，给人一种很阳光的感觉。看着她可爱的模样，我的脑海中又浮现出了五年前的事……

那年，我接了六年级的数学兼班主任。第一天上课，璐就给我带来了"挑战"：课间休息时，一位男同学跑来告状："老师，璐给我的坐垫上倒了红墨水。"当我随这位同学走进教室，还没来得及问原因，璐却很干脆地承认错误了："老师，我是和他闹着玩的，我已经把坐垫交换了。"紧接着她向这位同学鞠躬说："对不起，我以后再不这样了。"我看到她承认错误的样子很诚恳，就说了一句："玩耍要有个度。知错就改，还是好孩子！"

"老师，璐今天洒水时，把我们的坐垫全弄湿了，您去看看吧！"没过几天，又有两个女同学告状。

我走进教室，用手摸了下垫子，全是湿的。我把她叫进办公室问她："你为什么这么做？"

她却一副无所谓的样子，说道："我不小心弄的，这么热的天，真矫情！"

我静静地盯着她的眼睛,看了好一会儿,她不但没有承认错误的态度,反而把头抬得老高,一副看你怎么办的样子。

"告诉我,你为什么这么做?"我厉声问。

"因为你爱她们,不爱我。"她理直气壮。

"我什么时候不爱你了?"

"你从不检查她们的家庭作业,而每次都不放过我,总挑我的刺。"

听了她这话,我不由地笑了,摸着她的头说:"你这个傻孩子,这是我对你的偏爱啊,你的数学学得不好,我让你多做些题,然后检查,看看你哪些内容掌握了,哪些内容还没掌握。你如果觉得我对你不够好,可以来直接找我啊,怎么能用这些手段去对待其他同学呢?"

我从她的眼神和表情看出了她对我的不服气。为了不使矛盾进一步激化,我选择了暂时的妥协,委婉地说:"你回去好好想想吧!"

望着她的背影,我心里一阵怅然……

慢慢地,我意识到,这个孩子不光是学习不好,更重要的是偏激任性。

我很快联系到了她母亲,从她那得知:由于一些特殊原因,璐一生下,就交给她外婆带着。外婆把她当掌上明珠捧着。到了入学的年龄,母亲才把她接回家。无论母亲对她多么关心,璐总觉得母亲没有外婆那般爱自己。我建议璐的妈妈多陪陪璐,多和她沟通、交流,晚上陪她写作业。

以后的教学生活中,我没有因为她对我的不满而放弃对她的管教,而是要求更严了。为了不让她给我提意见,我每天早上就去教室,一个一个地批阅家庭作业,目的是能让全班同学的积极性把她带动起来。然而,让我沮丧的是,我的这种作法不但没有带动她,反而使她对我更加反感。

有一次，我因有事请了一天假。回来后，继续检查布置的作业，轮到她时，她竟然把别的同学的作业拿来顶替。我一眼就认出那不是她的字迹，但考虑到她的自尊心没有戳穿，只是给那本作业打了分后，没有把作业本还给她。不一会儿，有一位同学喊："谁见我的作业本啦？我的作业本找不到了。"我淡淡地说："你的作业本我拿着。我已经阅了，你做得特别好！"检查完作业后，我走到璐跟前说："你来一下！"

　　璐来到我的办公室，我问她："为什么骗我？"她看了看我，哭着说："这是被你逼出来的，我不喜欢数学，求你放弃我吧！求你别在我妈那儿告我的状，好吗？"她的回答让我难过得只想流泪。面对无知的她，我束手无策，只好打发她回了教室。我又一次无奈地选择了妥协！

　　我开始反思自己：是我错了吗？我错在哪里了？我是不是真的"逼"她了呢？接下来的日子，我便假装有意地忽略了璐，很少检查她的作业。而每节数学课，当授完新课做练习题时，都会叫一部分同学在黑板上做。这个时候，我就会叫璐到黑板上去做题，她不会做时，我就耐心地给她讲解，她也会认真地听。只要她能做对一道题，我便会表扬她。慢慢地，她做题的速度变快了，正确率也高了。我从调板中感觉到了她的进步。中期考试，她破天荒地考了69分。我为她的进步感到高兴，给她买了一个漂亮的笔记本，当着全班同学的面，奖给了她。并且在封皮第一页写了这样一句话："亲爱的孩子，你真的很棒，继续加油，愿你飞得越来越高！"

　　仅仅一本笔记本，却带来了她的大改变——她竟然能自觉地交家庭作业了，并且字迹十分工整，错题也很少。我拿着她的作业，如获珍宝，认真地批阅后，又让全班同学传阅。同学们都向她投去了赞许的目光。她的学习有了进步，可是，我对她的鼓励却滋长了她的"霸道"。她没有当上学霸，却当起了"班霸"：她从不打扫卫生，叫别的女生替她打扫。为此，有的家长很生气，跑来向我告状，希望可以管管这个孩子。

我以前认为她只是单纯的不爱学习，没想到她身上有这么多"恶习"——我可以允许她不优秀，但我决不允许她没教养。

一天下午放学后，我把璐叫到办公室，很生气地对她说："从明天开始，教室卫生你一人打扫，我来监督，什么时候做到我满意了，什么时候叫其他同学替换你。你也体验一下一个人经常打扫卫生是什么滋味……"她慢慢低下了头，我看到一串晶莹的泪珠从她嫩白的脸上滚落下来，她抽噎着对我说："老师，我错了，对不起！我心里难受，妈妈偏心弟弟，不爱我，总是骂我……"看着她哭得可怜，我用纸巾为她拭去了眼泪，说："妈妈是爱你的，也许表达的方式不对。但你是不是也有不对的地方？妈妈既要照顾你，还要照顾弟弟，很辛苦的。要学会理解妈妈，更应该有颗感恩的心，学会关心别人。你懂事了，会体贴人、帮助人、关心人。好好学习，做好自己分内的事，妈妈高兴都来不及，还会骂你吗？"

听了我的话，她抬起头来，盯着我的眼睛郑重地说："老师，相信我，我一定会改变的！"我抚摸着她的头说："记住我的话：你是个善良好学的孩子，我希望看到你心中那颗友爱的种子发芽！"

从此以后，我每天监督璐搞卫生。她真的做得很好，不但把自己班的教室打扫得干干净净，还帮幼儿园的小朋友打扫教室。四天过后，我就取消了对她的惩罚。

从那以后，再没有人告她的状了。她也开始注意自己的形象：衣服洗得干干净净，见到老师会自觉打招呼；每天课外活动，还会来我办公室问数学题。有一次她来问题时，我告诉她："璐，你问问你妈妈，下午放学后把你留下来，我辅导你写作业，行不行？"征得她妈妈的同意，她成了放学后我陪伴的学生之一。她的习惯越来越好，学习成绩也在不断地提升。有一天，她悄悄告诉我："老师，我妈妈现在爱我了。"我回答她："妈妈本来是爱你的呀，同样的，老师也一直是爱你的。"

她的转变是巨大的，从一个顽皮小女孩转变成了一个温柔懂事的小天使。通过我的辅导和她的不懈努力，璐在六年级升学统考中，数学考了94分，总成绩位列全班第三。毕业典礼那天，她用清纯的童声唱了《感恩的心》，唱到最后她哭了，我也哭了。

今天，她的拥抱便是对我的付出最好的回报。如今，她是陇西一中高二的学生，不仅是名优秀的学生，还是一个有教养的美丽天使。

一个孩子的教养是成功的基本因素，而教养要从小开始培养。曾经读过这样一句话："一个人的能力决定了一个人飞得高不高，一个人的友爱、教养决定了一个人飞得远不远。"这是生活的哲理。

所以，我们在引导孩子成长的过程中，要特别注重孩子的教养问题。让孩子心中友爱、教养的种子发芽——让她们心中有爱！因为爱，让这个世界更温暖、美好！

小贴士：

素质教育中，孩子的"教养"问题是重中之重，直接影响着一个人的世界观、价值观和人生观。教育必须"以人为本"，所以，教师可以允许学生不优秀，但决不能允许他没教养。教师要在孩子的心田里播下"教养"的种子，让这粒种子先生根发芽，使他成为有人格魅力的人。教师必须要做到：以包容的心态培养习惯，发掘优点及时表扬，发现缺点及时扶正；让孩子尝试换位思考，在自信中去展示风采，立志成人。

37. 送给你的祝福

文 / 包金凤

心血来潮，翻开一本相册。

看着那一张张倍感熟悉的画面，一个个或甜蜜、或心酸的故事在脑海上演……看着，想着，照片中一个虎头虎脑，双手叉腰，神气活现的小男孩映入我眼帘。"旭儿！"盯着这个小男孩，我喃喃自语，思绪飞向四年前。

四年前接了个新班。班上有个孩子叫旭儿。父母离异，孩子不得不辗转在父母新组建的两个家庭之间。由于管教缺乏一致性，孩子身上出现了许多问题：常欺负同学，爱打架，学习困难。当然他身上也有一些优点：表现欲强，特别爱听夸奖他的话，有集体荣誉感。

开学不久，他的坏习惯就抬头了：背着我欺负小同学。

针对他的经历和问题，我预设了教育转化的方案：利用他的优点，慢慢走进他的内心，激发他的学习兴趣，让他在学习上产生成就感，激发自信，爱上学习，没有闲心干坏事。

接下来，我快速实施方案。首先，我和他妈妈聊了好长时间，又了解了旭儿的一些情况。旭儿妈妈很爱自己的儿子，她感觉对不起儿子，所以总是一个劲儿满足他，使孩子养成了霸道自私的特点。我抓住种种契机找他谈心，委婉引导他：应该团结同学，关爱、包容、体贴别人，不要让妈妈再操心了。课余时间，我找能励志、有助于培养良好行为习惯的书籍给他看，丰富他的精神生活。课堂上，我有意识利用课本中的教育资源影响他，设计他乐于回答的问题，树立他的自信，让他在同学们一次又一次自发的掌声和赞扬中找到自我价值。

鼓励需要坚持。每天下午放学，我会激情地鼓励他："旭儿，晚上可要好好完成作业，认真复习、预习，明天我们还想继续欣赏你的精彩展示，不要叫我们失望，好吗？"

他会骄傲地大声说："行啊。"

渐渐地，旭儿对学习有兴趣了：课堂上积极参与，作业也能按时完成。

在学校运动会上，我抓住旭儿的表现欲，鼓励他积极参加比赛项目，为班级争光。结果，他在实心球的投掷比赛中，获得了全级第一名。我祝贺他，感谢他为班级争了光。旭儿显得很自豪，我真为他高兴。

然而没几天，他惹事了。一个低年级学生家长向我告状：旭儿拿走他们孩子的电子表不给了。我找到旭儿，心平气和地问他怎么回事。他梗着脖子，不屑一顾，眼睛看着别处，说他只是想借来看看。见他这样，我思前想后，忍着气拉他坐下来，给他分析了他那么做的错误以及有可能出现的严重后果。谈了好长时间，他终于明白了：不属于自己的东西，就是再好，也不能据为己有。

以后较长一段时间，他除了偶尔不写作业，偶尔有调皮捣蛋的事之外，再没出现别人告状的事。我很高兴，一有机会就找他谈心，肯定他的改变，鼓励他继续努力，维护自己的尊严。

可是，正为他的进步暗自得意的时候，他的事情又来了。一个四年级的孩子向我哭诉：旭儿打了他。当时那个恨铁不成钢的气呀，真想把他好好收拾一顿。但我清楚，不能这样。他还是孩子，最好的教育方法，还是要一次又一次以关爱之心去打动他，让他自己认识错误，慢慢改变。

旭儿来到我身边，显得有些不好意思。他低着头，说那个孩子在另一个孩子面前骂了他。我耐着性子，打比方、举事例，费了好长时间，像朋友谈心般地让他认识了自己的错误。

几天后，旭儿在一篇题为《让我后悔的一件事》的作文中反思了自己做的错事。看到孩子真心悔过，我很高兴，决定"乘胜追击"，让孩子继续进步。

翻看了一下给孩子们设的"闪光档案"，发现旭儿的生日快到了，心里便有了打算。在他生日前一天，我叫他到办公室，表扬了他最近的好表现，然后出其不意地拿出一块电子表："旭儿，知道你一直想要一块表，奖给你，祝你生日快乐，学习进步！"

旭儿呆住了，吃惊地看着我。

"没事，拿着，这是你应该得到的，是对你各方面进步的奖励。"

孩子真的被感动了，尽管他的脸有意转向了旁边，但我还是看到了他眼里的泪水……

从这以后，旭儿显得稳重多了，再也没有欺负过同学。相反，看到别人打架，他还会鼎力相劝。对待学习，也越来越认真了。让人高兴的是，旭儿还和我们学校的水老师成了朋友，时常在一起聊天。水老师好几次在我面前夸旭儿，说他是一个"攒劲娃娃"（方言，好孩子的意思）。

小学毕业统考中，旭儿的语、数、英成绩门门优秀，他开心自信地走进了初中的大门。

衷心祝福这个"攒劲娃娃"在自己的人生路上无惧风雨，踏实前行。

小贴士：

对孩子最好的教育方法，是一次又一次以关爱之心去打动他，让他自己认识错误，慢慢改变。面对像旭儿一样的孩子，要设法走进他内心，激发学习兴趣；培养良好习惯，提高学习能力；鼓励展示自我，认识自我价值。具体操作中，一方面，有计划地引导孩子爱上读书，利用书籍转化他的思想；利用集体的正向舆论力量转化他的言行；利用他的表现欲让他在课堂和活动中展现自我，认识自我。另一方面，要耐心抓、反复抓，让他在一次又一次的经历中重塑自我。

38. 苦涩中的甜蜜

文/包金凤

"包老师好！"放学路上，琪儿看到我，亲热地向我问好。我笑着回他："琪儿好！"他笑嘻嘻地和我一起走。

琪儿是我带过的一个孩子，后来分到别的班了。望着他的笑脸，一件关于他的往事涌上心头。

那天中午，放学站队时，有孩子反映琪儿拿着100元钱，说要在路上买玩具。直觉告诉我，这孩子偷钱了。琪儿是诚实的一个孩子，可是不爱学习，不爱写作业。为此，我曾多次联系他的家长。可琪儿妈妈总说她很忙，很少来学校。我只好自己抽空去琪儿家。每次去，总感觉他的家长对我的提醒不怎么在乎，最后，我只好无奈而归。

脑海里快速闪过这些往事的同时，我的目光搜寻到了队伍里的琪儿，他眼睛正狡黠地盯着我，好像已经知道别人告他状了。必须问问琪儿钱的来历，如果是"赃款"，绝对不能让他乱花，不能让他继续犯错。想到这儿，我盯了他一会儿，他的神色有些紧张，不小心撞在前面同学的身上，踩掉了同学的鞋，他的鞋也被后面同学踩掉了。他出队伍穿鞋的时候，我叫住他，准备和他聊聊。

我正想着用什么话题跟他沟通呢，他突然"扑通一声"跪下，压抑着声音哭叫起来："老师，你原谅我，我发誓再也不了！"

我措手不及，赶紧扶起他，看着他只有哭相，不见眼泪的脸，问他："原谅你什么？"我以为他要跟我认错了。没想到他却说：

"我再也不帮别人买东西了!"

我心里有些失落,问他怎么回事。他说院里一个大孩子给他一百元,让他代买一个玩具。看我不相信,他又迅速向我跪下,手举额头发誓。我吃了一惊,心里又好气又好笑,这谎言编得太蹩脚了,再一次拉他起来,笑着让他带我去见那个大孩子,给他还钱。

他一下蔫了,眼珠子转了转,接着嚎啕大哭,说他错了,那一百元其实是在上学路上捡的。又保证这次千真万确,叫我相信他。

我不想揭穿他的谎言,笑着说我相信他,上学路上有监控,可以调出他捡钱的样子。他听了,又露出哭相,刚要下跪,我赶忙拉住他,严肃地:"随便给人下跪,没出息!"等了一会,我又耐心地让他说实话,我一定帮他。

他又说那钱是老家的奶奶给的。很快,这个谎言也被我揭穿了。

接着,他很后悔似的声泪俱下,说这钱是他的压岁钱……

他以前学习成绩很不好,我从来没嫌弃过他,总是耐心帮他。他的进步让我很欣慰,可今天他的顽固不化可真有些气着我了。不能这么打发他回去!我给他家里打电话,没人接。打了好几次,电话终于接通了,我问他是不是琪儿的家长,他撂了句:"我不是。"便挂了电话。

已经快一点了,我心急如焚,让他自己回去,有可能他不敢回家,况且事情也没调查清楚。看来,我今天家也不能回了,得跟着琪儿去一趟他家。

我催琪儿赶快回家,可他站着不动,我只好拉着他走。一路上,他不是蹲下咧嘴哭,就是抱住电杆耍赖,好说歹说,就是不走。没办法,我忍着气安慰他,请他说实话,这钱到底是哪来的。并保证,只要他真心悔过,我不会让家长惩罚他,也会给同学一个交代。如果不说实话,我就报警。他想了想,慢吞吞地说,是拿家里的。我又劝他赶紧回家,去了我给家长解释,保证不打他,可他干脆坐地上一步都不走了。

没办法，我只好使出浑身力气拽他走，走几步歇几步。一点半左右，终于到了他家楼下。这时我浑身酸痛，几乎没了力气。也许琪儿怕碰见熟人，被我拽着不好意思，便低头自己上楼了。我紧跟在他后面，问他家里是谁，他说可能只有他哥哥。

敲开门，大人不在，琪儿的哥哥看到我，冷若冰霜的脸上写满了不满："怎么了？你是谁？为什么拉着我弟弟？"说明来意后，琪儿的哥哥厉声问琪儿怎么回事，钱谁拿着。那表情分明是在质问，是不是我冤枉了他弟弟。我硬着头皮让孩子进了屋，自己则尴尬地站在门外。我嘱咐琪儿哥哥给父母说说，跟琪儿好好谈谈，不要打他。我刚转身，门就在身后被重重关上了……我站在原地愣了好长时间，便拖着疲惫的身子下了楼。

身心俱疲地回到学校，抱头坐在桌旁。

"老师，你帮我阅阅今天的读书笔记。"一个稚嫩而兴奋的声音传进我的耳朵。我抬头：一张可爱的笑脸！小巧的手里捧着一篇图文并茂的读书笔记……

我站起来，捧住小女孩的头禁不住在她额头亲了一下，紧紧拥抱了她。

泪流又一次漫过心田……苦涩的心，被一股甜蜜慢慢浸染……

好长时间后，我冷静下来。细细思量，感觉不那么失落惆怅了，琪儿，还是孩子，他需要在犯错中成长，但愿这件事能让他懂事。

后来，再没发现琪儿做过什么错事。他分到别班后，我问过他的新老师，她说琪儿虽有些懒，但也在慢慢进步，并强调琪儿写的字越来越像我的字了，还说琪儿常在作文中夸我。

教育，就是酸甜苦辣味的交错体验！

小贴士：

  家长是更应该接受教育的对象！一个人的家庭环境真会影响孩子的思想和行为。就像琪儿，他之所以具有那么多的谎言和奇葩表现，与父母的影响，家庭教育方式脱不开关系。作为老师，我们能做的，就是抱着"为孩子着想"的理念，抓住一些契机，有针对性地反复教育孩子，让他们在一次次犯错——改错中形成正确认识，慢慢成长。

习惯不好,我培养

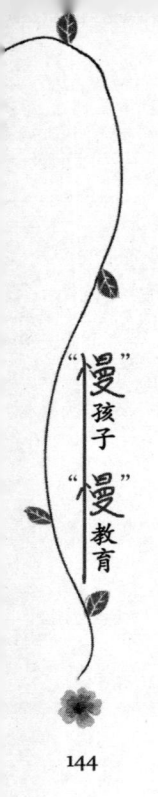

39. 课堂关注，让他有看得见的成长

文 / 董新民

课堂上，静悄悄的。

孩子们正预习《音乐之都维也纳》，管建刚老师穿梭在孩子们中间，时而低头，时而侧看，不着一言。

他走到中间第二排一个男生面前，拿起孩子桌上的练习本。

"观察你半天了。人人都在认真预习，看你在走神，果然。你画的是什么？"

"音……符。"男孩抬起头，睁着大眼睛说。原来，男孩在别人预习课文时，一个人自顾自地画着维也纳那个大大的绿色音符。

"我看你画的就是音符。如果你能在我不发现的情况下把那半个音符补画完，就算你厉害。"

……

"这节课我不会放过你，要和你玩猫和老鼠的游戏。"

这是第九届"名师优课"小学语文部编版教材作文专题研讨会兰州站管建刚观摩课《音乐之都维也纳》的开幕曲，显然，其中有一丝不和谐的音符。

旁边的春燕老师悄悄告诉我，她右边的听课老师低声说，这个孩子真倒霉，被老师盯上了。我嘿嘿一笑，我知道，管老师要在这个孩子身上做文章。

读词语环节。老师在课件上罗列了"山清水秀，街头巷尾，金碧辉煌、星罗棋布"四个四字词，叫了几个同学来读。第一个就是那个画音符的小男孩，他读了"山清水秀"。

解读了每个词语的意思后，老师让这四个孩子在黑板上写词语，小男孩也大方地走到黑板前，歪歪斜斜地写上"山清水秀"。

"你看看，就知道画音符，怎么可能写好呢？"

"不可能。"孩子怯怯地看着老师说。

"那你就要把'不可能'变为'可能'。"管老师轻轻在孩子的肩头拍了拍，露出很少有的笑。

找中心句环节。老师先引导孩子们找出全文的中心句——"奥地利首都维也纳是世界著名的音乐之都"，然后找出二、三、四、五、六段的中心句。当课件上呈现出全文中心句和每段中心句后，老师请上五位同学站在二、三、四、五、六段的中心句旁边，让每个孩子读出每一段的中心句。

那个男孩又被老师叫到前面，他读的是第三段的中心句——"维也纳是一座用音乐装饰起来的城市"。

"不行，再读！"孩子读了三遍，才勉强读通顺了。

读完，老师让孩子们思考全文中心句与每段中心句的关系，原来，二、三、四、五、六段回答了全文中心句"奥地利首都维也纳是世界著名的音乐之都"的原因。他让孩子们思考，老师代表全文中心句，其他五个孩子代表每段中心句。台前的老师和同学开始左右、前后摆放，最后他们统一到了"围绕"，原来二、三、四、五、六段正是围绕全文中心句展开的。当五个孩子"围绕"老师时，那个男孩紧紧靠前，盯着老师。

在分析每段时，老师又引导孩子们"围绕"中心句找关键词，明白关键词是"围绕"中心句展开的。在演示"围绕"时，每一回叫上的"关键词"的代表学生里，总少不了那个画音符的男孩。

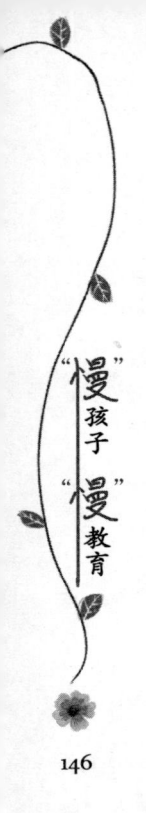

"夏天的夜晚,公园里还举行露天音乐演奏会,悠扬的乐声掺和着花草的芬芳,在晚风中飘逸、回荡。"

"这位女生读得真像一首抒情的乐曲,久久'飘逸、回荡。'男生能不能读出这个味?"

"看你不服。再给你机会,将'不可能'变成'可能'。"管老师盯着那个男孩,叫起他。

"不错啊!谁说男生读不好抒情的句子。这比女生读得还让人回味无穷——维也纳夏天夜晚的音乐会在'飘——逸',在'回——荡'。"

每一次问题提出时,管老师总放不过那个男孩,让他多读,每一次读后,也总少不了激励和表扬。

为了让孩子们理解"围绕",管老师和学生代表一遍遍表演"围绕",不管管老师移到哪儿,孩子们紧紧"围绕"上去,那个男孩也眼睛盯着老师急急"围绕"上去。就这样,男孩的脸上慢慢有了自己的笑容。

男孩拿着话筒,通畅地表达着"围绕"后,管老师让他代替老师喊出"下课!"。一句铿锵有力的"下课!",引起全场热烈的掌声。

课后,我们得知那个男孩从来没有认真听过一节课,即便是公开课上,他也会时时发出"无聊!无聊!"的声音来扰乱课堂。每一次公开课上,上课老师特别害怕他,生怕他捣乱课堂,影响课堂教学效果。可是越是害怕,他越是捣乱,他的问题也越来越严重。

管老师在课前的那几分钟预习时间里,就发现了他的问题,然后紧盯他,开始"猫和老鼠的游戏"。课堂上,让他读,让他写,让他说,允许他犯错,一遍遍给他机会,一次次给他指导,一回回给他表扬,一点点给他激励,把一个个"不可能"变为"可能"。

每一个问题孩子的背后,肯定有一个个"问题",处理"问题"

的关键是我们回避了"问题",还是抓住了"问题"。

管建刚老师的课堂,给我们转变特殊学生一个"智慧"——课堂上,持续关注一个特殊学生,让他有看得见的成长。

小贴士:

很多学生成为问题学生,有很大一部分原因是因为我们在课堂上对这些孩子的"害怕""忽视"或"歧视"。我们教师需要在课堂上让他们与大家融为一体,时时关注他们,处处关照他们,允许他们犯错,创造他们表现的机会,给他们指导、表扬和鼓励,让他们在课堂上有看得见的成长。

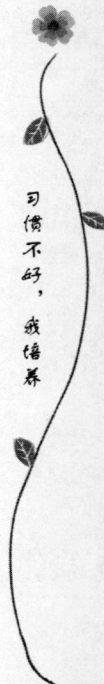

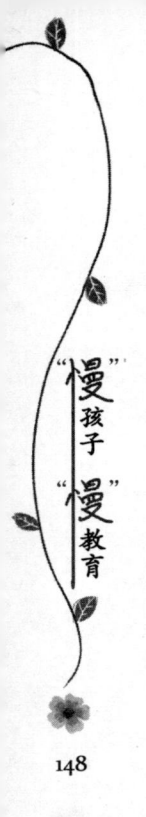

40. 赏识，让慢开的花朵悄然绽放

文/魏春燕

好几年前，有幸读了《赏识你的孩子》这本书，作者是南京婷婷聋哑学校校长周弘。他和女儿之间有一段催人泪下的故事：从小双耳失聪的周婷婷在父亲的赏识教育下，16岁成为大学生，并被美国加德特大学录取为研究生——第一个中国聋人研究生。

读过这本书的人，无不为周弘伟大的父爱而震撼。读完，你会感觉到他所有的父爱，全部浓缩在"赏识"二字中："翘起你的大拇指，你会发现它越来越长。"受作者的影响，我时刻警告自己："赏识一定要成为生活、工作的指挥棒。"当我们把赏识融入教学工作时，身边的一切都在悄悄发生变化。

北是三年级时从某小学转入我们班的，我儿子也在本班。北的到来正好赶上我休产假，儿子每天回家来叨念："妈妈，北同学家庭作业一个字都不写，正式作业也不交，考试成绩很差！"我对他有了初步印象。休完产假，继续带这个班，从科任老师处得知：北是一个很懒的学生。作为老师，我只有尽自己最大的努力去改变他。

根据几天的观察，我发现他比较聪明，只是因为懒惰，养成了不写作业的习惯，考试成绩达不到及格线。做作业时，刚开始写第一个字，墨水已经将作业本涂得面目全非。站在他身旁的我，不由得来气："怎么搞的？重写！"孩子抬头望了望我，一副无所谓的表情。仍旧慢吞吞……其他同学完成后已经读课外书了，而他还在玩弄笔尖。

中午，在我的催促下，北总算交上了作业。但是，田字格里装不下字不说，每个字的笔画显然是凑起来的，那根本不叫字。以后的作业该怎么办？我该怎样教育他？想起《赏识你的孩子》一书中的情节，于是，我时常提醒自己：老师的任务就是拿放大镜寻找孩子的优点，为他们树立自信心，让每朵花自由绽放！

想让他有进步，鼓励赏识是必不可少的——让他慢慢找到自己是好孩子的感觉。我一直在寻找这样一个机会。第一次作文交上来了，他的习作处于中等水平，为了给予他自信，我毫不犹豫地在批语后写上了大大的"刊"字。对于学生来说，作文能在本班的班报——《燕语作文周报》刊用，是对他的最大奖励。作文本发下去的那一刻，我明显看到他愣住了。在全班同学面前一番表扬后，他的脸上泛过一丝微红，眼睛里闪过一丝亮光。我走到他的座位前，轻轻摸了摸他的头："你很棒！"他腼腆地笑了。

当天，我和家长进行了沟通，又将他夸奖了一番。几天内，表扬起到了一定的作用。但是，自信心的树立并不是一蹴而就的。以后的日子里，我心中装着北的特殊情况，常常用放大镜寻找他的优点，比如：乐于助人了、按时交作业了、劳动积极了、上课回答问题了……在不断地鼓励下，北的自信心逐渐树立了起来，也有了"我要学"的意识。

他的语文基础甚是薄弱，听写20个词语，才能写出3个来。看到这种情况，我也很着急。但是，心里明白急也没用，只能心平气和地寻找适合他的方法。为了防止听写时的鱼目混珠，让他在黑板上写，其他同学听写一、二类字带拼音，他只写一类字，不带拼音。起初，错误很多，我把很多精力放在他身上，每次听写的词语亲自批阅，一一纠正，目不转睛地盯着他更正，笔顺不对的字一笔一划范写。每次写完，我或摸摸他的头，或拍拍他的肩："宝贝，你看，今天的对号比昨天的多了，有进步了，明天有没有信心超过今天？"孩

子憋着通红的脸，使劲点点头："有！"我能感受得到，那是发自肺腑的决心。相视而笑，给他一个翘起的大拇指。北此刻的微笑只有我懂。慢慢地，他听写的正确率越来越高，做题时，被生字难住的次数减少了，写作业的速度也快了不少。每次的作业，我不要求他写完规定数量，量力而行，只要认真完成，都会得到不同的奖品。在我和家长的严格监督下，他逐渐有了写家庭作业的意识，正式作业有好多次完成得又快又好。

经过一学期的努力，他有了很大的进步，从来不开口读书的他，在家里能够早起读课文了，并且能够主动在微信群读书了，家庭作业基本能按时完成了。期末考试虽然只考了79分，但我深知，他的进步远远不在成绩表面！

"扬学生之长，越扬越长；指学生之短，越指越短。""赏识"北的过程虽然很累、很辛苦，但内心充满着快乐。翘起大拇指赏识孩子吧，让生命在平等、沟通中尽情滋长，让慢开的花朵悄然绽放！

小贴士：

每个孩子的身上总会有闪光点。作为教师，应该像果园的园丁精心地照看刚嫁接的果树枝那样，进行精心呵护，爱护和保持孩子身上的一切好品质。对"慢"孩子来说，寻找孩子身上的优点，发展并巩固自我尊重的感情尤为重要。教师看到孩子身上的优点，通过"表扬"将其放大，让孩子意识到自己是一个"好孩子"，有了自我发展意识，教育才会起作用。通过赏识、鼓励、陪伴、家校沟通的方式，给予学生最真切的动力，他会慢慢朝着期待的方向发展。

41. 原来，他也会笑！

文/魏春燕

踏出大学校门时的一声"珍重"，满怀理想彼此挥手的瞬间，依然历历在目。弹指一挥间，明天就是我的第 15 个教师节了。感慨时光催人老，感谢时间促成长。翻开一篇篇博文，成长的经历宛如一条条流淌的小溪，撞击着我心里最柔弱的地方。恰恰是这个特殊的日子，让我再次读到六年前写的一个真实的故事……

说起班级里的东，所有老师的第一反应是摇头。他在校六年，给老师们没留下一点好印象，哪怕是偶尔理解或宽恕一下他的理由都找不到。卫生差，作业乱，正式作业不交，家庭作业不写，软硬兼施，效果甚微。"老师，我保证明天做完。"这样的话听过无数次，转眼，明天又是原样。

前两天，我在校园无意说起东，另一位老师马上附和："东不交作业正常，交作业就不正常了！"早上，在全校集合的队伍前，校长又点名批评他了，我真为这孩子心痛。

东属于单亲，5 岁时，妈妈出门，再也没有回来，爸爸和奶奶将他拉扯大。爸爸一年有 9 个月的时间在外打工，奶奶能给他的，只是吃一顿饱饭，大多时候连衣服都洗不干净——他经常穿得破破烂烂、脏兮兮的。在这样的家境中长大，自然让东失去了儿童应有的活泼。眼睛虽大，但眼神黯淡无光。他经常耷拉着眼帘，让人觉得他连抬起眼皮、睁大眼睛的力气都没有，绷着的一张脸毫无表情，似乎这世间

的喜怒哀乐与他无关。

课程进入复习阶段，作业量相对增大。周末，他的作业又是一字未动。每天早上，组长都来"告状"，我听腻了，真想任其发展。每次，课堂上讲试卷，他才蹑手蹑脚拿出来填，讲完，他才做了一半。我无可奈何，戏称他是"白卷先生"。

不过让我略感欣慰的是，近几天的听写，他居然偶尔全对，有时错一两个，在班上属于正确率较高的。咦？不写作业竟然能将生字写对，奇怪！连续几次这样，我还特意留意了——他的确没有抄袭。今天听写完后，有个别同学还是有错别字，我想起了东，便说："东又一次将生字写对，这里面有什么奥妙？请他给大家谈谈。"他羞涩地站了起来，低着头，脸上泛过一丝红晕。请他坐下后，同学们向他投去的目光，是惊奇、羡慕，还是不理解……我不得而知。

课外活动批阅正式作业，他又将没做完的作业交了上来，喊他过来补上。补完作业交过来时，我正在阅他第二次的听写，全对。只是那个本子脏得不能形容，边角皱得很严重，不堪入目。记得以前叫他换一本干净些的本子，一周了，也没换。我灵机一动，何不借此鼓励一下他呢？从桌子上取过来一本全新的本子，递给他："最近你的表现不错，今天奖励一本本子，当作听写本吧！"他双手接过本子，脸上露出了从未见过的笑容，眼角向上翘着，那双大眼睛里放射出了一道别样的亮光。临走时，深深地向我鞠了一个躬，"谢谢老师！"我笑着："谢什么呀？你好好学习就是对我最大的感谢了！"他带着快乐的笑容从办公室跑了出去，望着背影，我忽然意识到——原来，他也会笑！

晚自习的第三次听写，他用的是我给他的"奖品"，虽然字迹不太工整，但可以看出，他用心写了。这是一年来他最整齐的一次作业。我心里忽然升起一缕心酸的"幸福"——我们平时是不是太忽略这孩子了，他其实不贪婪，只要一点点的鼓励就能满足。

回首往事，我内心更多的是自责，如果在接手这个班的时候，我能悉心照顾他，给予他更多的阳光和帮助，用更多的爱去鼓励他，说不定他会带着明亮的眼神、可爱的笑脸离开小学校园的。到现在，我都时不时想起他的大眼睛，这是我教学生涯的一件憾事。我常常想，如果现在的我遇到当年的他，会是什么结果？

经过几年的磨炼，我更加懂得"教书育人"的道理：教育这份事业，必将是用"爱心、恒心、耐心、细心、信心"作为基石的；教育这条道路，需要更多的是"接纳"、是"呵护"、是"鼓励"、是"赏识"、是"真真切切的爱"！只有这样，才会倾其全力关注每一个孩子，让更多的小脸绽放灿烂的微笑！

小贴士：

教育这份事业，必将是用"爱心、恒心、耐心、细心、信心"作为基石的；教育这条道路，需要更多的是"接纳"、是"呵护"、是"鼓励"、是"赏识"、是"真真切切的爱"！老师的爱，怎么样才能学生能感受到、看得见、摸得着？我想，读懂孩子才是首要。

42. 他，终于变了

文 / 包金凤

每个班级中，总有一些基础薄弱、行为习惯不良、爱惹是生非的孩子。要教育这些孩子，需要我们不断地用心发现，运用智慧，发挥班级舆论的力量，用教育合力，去调节他们的心理，调动他们的学习兴趣，培养他们的自信心，坚持不懈地转化他们。

锐对待学习很不自觉，经常不写家庭作业，上交各科作业时也是拖拖拉拉。来学校不是忘带课本，就是忘拿笔盒。每次犯错时，他总会双眉紧皱，好像不知道自己做错了什么，显出茫然与惆怅，两只眼睛可怜兮兮地盯着你，让人感到心疼。我苦口婆心，耐心地说教他多次，但刚改掉这个毛病，还未来得及被表扬，又会去犯另一种错误。有时他的行为，让人哭笑不得。如放学后在路上逗留，跟小蚂蚁玩，不按时回家；拿着要上交的作业本费买一大把自动铅笔……他的妈妈很配合学校的教育，千方百计地引导他，不知为他费了多少心思，想了多少办法：报学习辅导班，报心理辅导班，报思维提升班……然而，收效甚微。

我明白，孩子的心里也很痛苦，不是孩子没有进步，而是他不良行为习惯太多，要想彻底转变，真的很困难。"战胜自己是最不容易的胜利！"这需要更恰当的方法，需要时间，需要过程，需要慢慢地来。所以我常提醒自己不能生气，不能焦急，要相信，锐会慢慢转变的！

有一天下午，锐书包没带，就跑学校来了。看着他一脸的惊慌样，我没批评他，夸他爱上学就是好事。其他孩子都友善地笑了，他也笑了。

正在这时，他妈妈在微信上问我孩子最近表现怎么样，我不知如何回答，有几个善良可爱的孩子提醒我，不要告诉他妈妈锐没带书包上学的事，还说他们曾发现过锐的一些优点，比如打扫卫生积极，上课能主动发言，有一天的英语单词全写对了……一个孩子总结说，锐真的在进步，相信他会不断进步的。

听到孩子们这些充满爱心和智慧的话，我很感动。悄悄观察锐的脸，他两眼放光，有些激动。我心里突然一动，建议那几个孩子给锐的妈妈各写了一封陈述锐进步的短信，我用手机拍下来，用微信发了过去。在这个过程中，我又发现，锐始终在很认真地关注着我们的举动。他看看这个，又看看那个，还在不断地看我的脸色。我也看清楚了，他的脸上不再仅仅是茫然与惆怅，还多了份感动与思考。

不一会儿，锐的妈妈左一个宝贝、右一个宝贝地在我们的班级微信群里感谢那几个孩子，还邀请孩子们去她家玩。

从这以后，好像控制着锐不良行为的那些魔力突然消失了，他开始奇迹般地变化了。每天，不管在课堂上，还是在课外，总会听到班上好些孩子表扬他、反馈他变化的声音。我呢，当然也会乐此不疲，一次又一次赶紧去凑热闹："加油，锐，不要辜负了同学们对你的期望。""锐，你的英文字母写得太棒了。""锐，真没想到你的计算能力这么好！""锐，你的朗读水平都快超过班上朗读最好的孩子了。"

功夫不负有心人。在大家齐心协力，坚持不断地鼓励和引导下，锐变了！仿佛换了一个人，干什么都很积极。小组轮流日记，他抢着记；每天晚上的诵读展示，他积极参与；上课默写展示，他积极举手；上交任何作业不再拖拉，各个方面表现很优秀。

转变任何一个问题孩子的路，是漫长的，需要老师坚持不懈，对症下药。就像锐的转变，依靠了多管齐下的方式，而班集体的舆论力量，是他发生改变的关键。

小贴士：

转变任何一个问题孩子的路，是漫长的，需要坚持不懈，更需要班集体的舆论力量。

43. 孩子,我们慢慢来

文 / 马子霞

像轩这样智力发育良好而行动缓慢的孩子,在很大程度上与其成长过程中逐步养成的许多不良习惯有直接的关系。这些习惯,并非三两天养成的,所以改变这种习惯,也要有一个长期的、缓慢的过程,要用耐心加爱心,在反复中抓反复,在进步中防止退步。

开学第一周周五,我批阅当天的数学作业时,发现少了轩的作业——这才刚刚开学,轩子以前的不良习惯又出现了。每学期开学,经过家长、孩子一个假期的共同努力,把一个学习习惯良好、阳光快乐的轩送到教室接受教育。可是,不出几周,孩子又不可避免地出现专注力低、学习热情减退、作业拖拉等现象。是我在阶段性的努力后过于相信他的自制力,过分依赖他的自觉性了?

我真的希望这次是我自己批阅得太快,没有记清楚。于是又仔细点数一遍,轩确实没有交作业。这学期,为了加大孩子们的阅读量的同时鼓励学生自主学习的热情,我开学第一天就宣布:只要大家能每天按时完成作业,一周结束后,表现好的孩子就可以得到老师的奖励——从学校图书室借一本喜欢的书,自由看一周。全班孩子对老师的这个提议非常感兴趣,作业写得一个比一个认真,小书迷轩的热情格外高。眼看第一周马上就要过去,在我心里轩已经是第一周的奖励对象,谁想到他关键时候掉链子。我不明白这孩子是怎么想的,阅读是他最大的爱好,不管什么书,他只要拿起来便会安静下来,读得津津有味。书绝对是他非常希望得到奖励，可是，他为什么会在努力坚持了四天后又放弃了呢？面对这个与众不同的孩子，我觉得已有的那些管理经验真的派不上用场了。

苏霍姆林斯基在《要相信孩子》一书中说："不要急于对学生惩罚。应该认真考虑一下，是什么原因促使儿童干这一件或那一件事。"所以这次我决定不再像以前一样先急着批评他，再陪他把作业补写完。而是从侧面观察他的行动，分析他为什么周三时自豪而又邀功似的地告诉我："老师，我已经把作业写好交到你办公桌上了。"到了周五作业说不交就不交，并且丝毫没有主动补上的打算。

经过几天的持续观察，我发现除了阅读以外，轩很难快速把注意力集中到其他事上。特别是独立完成作业时，只要教室有声响，他的注意力就会轻易地转移到别的地方，其实他每次都努力想把自己的注意力收回来，但每次很难做到。有时看到别人已经完成了，他心里明显急躁起来，但越急反而越难控制自己。所以他完成作业的速度就明显比其他孩子慢，学习效率也一天低于一天。除了注意力难集中，他还在不知不觉中养成了懒散磨蹭的习惯，经常忘记带笔，或者带的笔没有墨水，做作业时不是向周围的同学借笔，就是摆弄笔，时间就在这磨磨蹭蹭中过去了。

这次他不交作业的理由是正月十五，大街上太热闹，他没忍住，就溜出去看社火了，回来已经凌晨两点二十了，作业放家里也没有顾上取。

他每次没有交作业，都有这样那样的理由，只是我每次批评他的不认真，光说不做，就急于督促他补出落下的作业，没有想过他拖欠作业原因，没有意识到帮助他需要一个慢而持久的过程。父母大概也没有读懂孩子的需求，只是尽可能要求孩子完成作业，督促他养成好的习惯。

一个孩子，在成长的过程中养成了这样那样的不良习惯，我们往往想着借助一两次的激励、表扬、接触、谈话、沟通……就实现这个孩子从思想认识、行为习惯的跨越式转变，甚至是一劳永逸的解决问题，期望着孩子一下子像大人一样来个"浪子回头金不换"。从轩的身上我终于明白，教育一个"慢"孩子，不是讲神话故事，也不是写电视剧和小说，情节可以来个一百八十度的转变，只要通过一两件事，他们立马就可以实现我们想要的转变。我需要时刻提醒自己：这个孩子，需要我慢慢来！

　　李镇西老师总结他的教育经验，认为："教育者应该容忍'后进学生'的一次次'旧病复发'，与此同时，又继续充满热情和信心地鼓励学生一次次战胜自己，并引导学生从自己'犯错周期'逐步延长或者错误程度逐渐减轻的过程中，看到自己的点点滴滴的进步，体验进步的快乐，进而增强继续进步的信心。"养成一个坏习惯只需要几天，改掉它却需要几个月、几年，像轩这样注意力难以集中、拖拉懒散的孩子，他的这些习惯肯定不是一朝一夕养成的，所以帮他改掉这些坏习惯，让他学会控制自己的情绪，需要一个较长的过程，更需要教师的耐心与宽容。急于求成绝不是好办法，要想方设法"点燃他心中'想成为一个好学生'的强烈愿望。"和他一起慢慢来面对这些实际困难，花时间帮助他改掉已经养成的不良习惯，同时也要充分估计努力过程中，受其他因素的影响而出现的反复。

　　相信孩子，也让孩子充分相信你，这样你靠近他，伸出友好的手臂揽住他，他才不会本能地拒绝。"慢"孩子的教育需要付出爱，但是只有当你付出的爱被需要、被接纳，孩子才能有信心尝试"自我教育"，教育才真正有效果。

　　孩子，从今天开始，我们一起慢慢进步。

小贴士：

　　每个孩子都是独立的个体，有不同于其他人的个性特征和习惯。在学校教学中，我们往往习惯用同一个标准去要求不同个性的孩子，并且幻想通过一两次的督促、帮助、批评就能实现对特殊的孩子的转变，这种做法显然有些理想化。教育像轩这样自我约束能力比较弱的孩子，我们必须做持久的打算，做到随时提醒，随时督促、检查，必要时要进行单独谈话和家校沟通，杜绝他钻空子、偷懒，引导他一点一点坚持紧跟班级节奏不掉队。

44. 那抹笑，真美

文 / 王福琴

说到"慢"，浩可是十足的慢性子。

说话慢吞吞，走路慢悠悠。下课铃一响，其他孩子如出笼的小鸟一般，"扑棱棱"飞出教室。再看看浩，还在座位上，不紧不慢，连书本都没收进桌箱，你唤他一声，他也是不慌不忙地抬抬头看你一眼，又低着头慢吞吞忙自己的事了！其他小伙伴早已在操场上撒欢儿了，他才收拾好书本和桌凳，迈着八字步走出教室门。再唤他时，他赶紧跑两步后，又慢吞吞地一边用手摸着墙壁，一边晃着小脑袋，向前挪去。他不仅生活上是个慢性子，学习上亦如此。

课堂上，其他孩子都打开课本坐端正在听课，而他好半天拿不出学习用具。写字时，其他小朋友都完成了作业，再看看浩，本子上只写了两行字，而且字迹乱得用"不堪入目"形容不足为过。行动如此之慢的他，但智力一点都不慢，怎样能让他快起来呢？

那天，我早早走进教室，发现浩也到校了，而且拿出书本在翻看着。我很惊奇，便大加表扬并奖励了他小红花。浩有点不好意思。从此，课堂上他虽说和其他孩子不在一个节奏上，但慢慢也有了变化。我时刻关注他，只要有进步，就及时表扬并发给他奖品。我常在下课时说："浩，你肯定会在老师之前出教室的，对吗？"他点点头，速度也快了不少。但写字速度慢始终是他的一大难题。

这天，课堂上正在进行写字练习，其他孩子都在认真书写，浩不

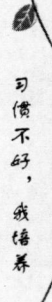

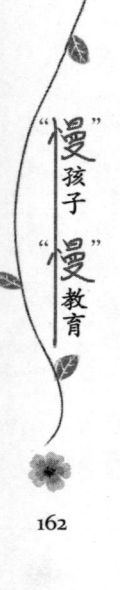

是在那里咬着指甲发呆,就是低着头玩弄着什么!经我再三提醒总算完成了作业。

下午,我批阅作业时,大多数孩子作业工整、干净,字迹也很漂亮。正当我暗自高兴之时,一本作业本让我异常敏感——字迹潦草不说,本子上一团一团黑色铅迹呈现出一塌糊涂。我暗想:"这是谁呀?这么不会听话,字写得乱不说,还把本子弄得这么脏!"翻看作业上的名字,当看到名字的一瞬间,我的怒火熄了一半,是浩。于是,课间休息时我将他从教室里唤了出来,带到了办公室,并严厉地对他说:"作业不许再涂抹,注意笔画占位,把字写工整!"并让他重新完成。

听了我的话,他抬起眼皮看看我,还是那样不慌不忙地打开作业本,拿起铅笔,认真地写了起来。半小时后,他双手托着本子来到我跟前:"老……老师,我……我写完了。"我接过他的本子,仔细端详了一会,虽说这次作业仍不是特别优秀,但和原来的相比,简直就是天壤之别了!

我也缓和了语气,将他拉到我跟前,摸着他的头说:"这次写得字真漂亮!宝贝,只要你用心,你也能写好字,知道吗?"他略显拘谨地点点头,并轻轻"嗯"了一声。看他这样,我想:何不趁此机会鼓励鼓励他,说不定,他会进步更大!这样想着我便拉开抽屉,取出一块橡皮对他说:"老师今天奖励你一块橡皮,以后要好好听课,好好写字,老师还会有更大的奖品给你,好不好?"他欣喜地接过橡皮,使劲点点头。我伸出手说:"你答应老师了,可不能变哦!来,我们拉钩!"说着伸出小拇指,他也伸出小拇指和我拉勾。他勾着我的手指的那一刻,"咯咯"地笑了!那笑声是毫不掩饰的童真和快乐!听着他的笑声,看着他的小脸,我也笑了!

浩拿着我给的橡皮,开心的蹦跳着走出了办公室,这次他不再是慢悠悠的!

有人说："好孩子是夸出来！"看来一点也不假，对浩的夸赞和奖励使他有了变化。我想：表扬和鼓励会让浩越来越自信！我也坚信所有孩子都会在表扬声中自信而阳光。

看着浩离去的背影，脑海中回放着他如花的笑脸，我突然想到这样一句话："每一朵花都有他开放的理由，只是花期不同！"我想，我们何不尊重他们的生长规律，放慢脚步，给他们一些养料，静待花开呢！让更多的孩子绽放像浩一样灿烂的笑！或许，我们也会收获到满园春色！

小贴士：

"好孩子是夸出来的！"每一个孩子就是一朵花，我们不停地催促、呵斥，反而是拔苗助长，只能让他们越来越慢。我们需要尊重他们的生长规律，放慢脚步，给他们一些养料，静待花开。让更多的孩子绽放灿烂的笑！不知什么时候，我们的生活变得匆匆，这样的快节奏也波及到了教育。于是，对于一些比较"慢"的孩子教师往往不顾其个体特点，采用一刀切式的教育，致使这部分孩子由于我们的"催促"和"赶"而变得更慢。越催越慢，越慢越催，恶性循环。长此以往，他们没有了自信，就沦落成了真正的"慢"孩子。所以，让我们放慢脚步，尊重学生自身的成长规律，静待花开。

45. 他变了

文 / 王福琴

他变了，真的变了。

浩刚刚入学时，是个十足的"慢孩子"。做事很慢，学习习惯也不太好，上课铃响了，所有孩子都早早准备好了自己的学习用具，等候上课。只有他，小脑袋放在桌箱前面，直到师生问好坐下后，他的东西才陆续从桌箱里搬到桌面上。下课了，其他孩子早就奔出教室在操场上嬉戏，而他还在慢悠悠地收拾书桌。

他写字很慢，所有的孩子都完成了作业，再看他，作业本上只有一行字，且潦草不能辨认。催他快写，他则抬头看看你，又自顾自地一会儿玩弄手指后，再写一两个字，好不容易完成的作业乱得不堪入目。课堂上，从来看不到他举手。经常看到的是他低头玩耍和埋头找东西的身影。课后也很少见到他和别的小朋友玩耍的身影，很少见他笑。

这学期，他变了，变得开朗了。下课了，他会很快收拾好学习用具，和其他孩子一起冲出教室在院子里玩耍。时不时发出快乐的笑声。最令我感到欣喜的是他在课堂上的表现。

那天，我带着孩子们读课文，认识生字。到了检测环节，我问孩子们：

"谁来带大家读读这些生字？"

"我，我！"孩子们争先恐后地举起了小手。

我环顾教室，在如林的小手中，我看到了浩也高举着手，着急地看着我。我连忙叫了他，他迅速站了起来，双眼紧盯黑板："姓，姓氏的姓。"浩的声音很响亮。其他孩子看浩如此卖力，也卯足了劲跟读起来。浩见大家如此积极，声音更响亮了。令我惊奇的是，十几个生字他竟没有一个读错。等他领读完了，我对他大加赞扬，并进行了奖励。他笑着说："谢谢老师。"

随后的写字环节中，我让孩子们仔细观察生字的占位，并说说怎样写好这个字，浩再次小手高举，叫起他后，他边比划边说："我昨晚写过这个'姓'字，我在写的时候发现怎么也写不好。后来我想了想，原来是把女字旁写得太小了，而且写字时没有做到横平竖直。"说着还晃了晃小脑袋。听他这样说，我不由得佩服起他的口才来。这还是那个羞涩不爱发言，字写得一团糟的浩吗？

最近两天，我特意留心他。他的作业也整齐了不少，而且书写速度也快了不少。

浩为什么会有如此大的变化？我很好奇。一次和他妈妈微信聊天，他妈妈告诉我，是我的鼓励对孩子的成长起了很大作用。她还把我写的《那抹笑，真美》的文章读给浩听。浩听到我写他，表扬他，很激动，并且保证以后一定会努力做地更好。

听了浩妈妈的介绍，我心里一阵温暖，那些和浩有关的往事一幕幕又浮现在眼前：当他整齐地完成一次作业时，我夸奖他是"小小书法家"；当他高举小手大声回答问题时，我鼓励他是"班级小勇士"；当他大声朗读课文时我赞扬他是"小小朗读家"；当他专心听讲并积极回答问题时，我称赞他为"班级小明星"……他的每一点进步，我都会及时肯定，并给予他一定的物质奖励，如小红花、小橡皮等，他得了我的鼓励和肯定，就会更努力。

"好孩子是夸出来！"看来一点也不假，我对浩的夸赞和奖励，使他有了巨大的变化。鼓励的力量不可估量！文字的力量不可估量！

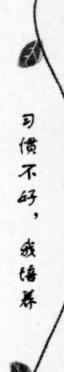

我想，在以后的教学中，我会让更多的表扬和鼓励陪伴学生，让更多的文字记录孩子们成长的足迹。我期待浩能继续努力，越来越优秀，越来越自信！我也坚信，所有孩子都会在老师的表扬和鼓励中，在肯定的文字中，获得阳光、自信和快乐！

小贴士：

　　浩变了，真的变了。从"慢孩子"到"好孩子"这中间经历了什么？我想：每个孩子都期望被肯定，浩也是。在平常的教育教学中我先肯定他的优点，并对他的进步大加表扬，用各种方式激励他。鼓励他和水平相当的同学比赛，取得进步时及时奖励，使他觉得自己的努力是会有成果的，从而激发他的内驱力，不断进步。如今的浩已不再是刚入学时只知低头玩耍的男孩，他成了班级内的"小演员""幽默大王"。公开课上也能滔滔不绝，让大家对他刮目相看。鼓励的力量不可估量！

46. 你为什么哭？

文 / 王旭红

美国心理学家威廉·詹姆士说："播下一个行动，收获一种习惯；播下一种习惯，收获一种性格；播下一种性格，收获一种命运。"可见，习惯是决定一个人命运的关键。所以，培养学生良好的习惯，应是一个老师不可忽视的责任。

星期一早上，我和平常一样去教室检查作业。在教室门外，我就听见教室里有"呜呜呜……"的哭声，我三步并作两步进了教室，是怡在失声大哭。我走近她问："你为什么哭？"她没有回答我，还是一个劲的哭。有同学告诉我，怡被妈妈训斥了。我问为什么？同学说好像没有写作业。

唉！这孩子不写作业彻底成了我的一块心病了。上次把作业本藏起来，我好不容易找到。为了能根除她懒惰、撒谎的坏习惯，每天下午放学后我留她写作业。在陪她写作业的这段时间，她表现很好，能认认真真地写完语文和数学作业，我好多次在班上表扬她，她的学习积极性也有所提高，上课时能积极举手回答问题。她本来是个情商很高的女孩子，对班级卫生工作很负责任，不管是谁值日，她都乐意帮忙，且打扫得很干净。所以，班上同学都很喜欢她。

我走到她旁边，想劝她别哭了。没想到当我站在她身边时，她哭得更凶了。我大声问她："你为什么哭？"

"妈妈训斥我。"她抬起头，一脸的委屈。

"怎么？你哭成这个样子是要我去保护你吗？"我微笑着问她。

"嗯嗯！你上次答应我的，要保护我……"她止住了哭声瞅着我的眼睛说。

我差点笑出声来，问她："你连双休的作业都没写，我为什么保护你？"

"妈妈不陪我写，是妈妈的错。"她据理力争。

"请问同学们，谁的作业是妈妈陪写的？"我问全班同学。

"我自己写的，写完了爸爸检查的。"博说。

"我也是自己写的，不会写的等妈妈晚上教我写。"茹笑着说。

……

同学们你一言我一语，叽叽喳喳说个不停，此时的怡却低下了头。

"你听听人家都是怎么写家庭作业的？他们都没有妈妈陪写，是不是他们的妈妈都错了？"我盯着她的眼睛认真地说。

我正准备要好好"教训"怡的时候，有一位六年级女生在教室门口叫我。她说有人在办公室等我。

我安排学生读课文，就去了办公室。怡妈妈坐在椅子上等我，她看我进来，立刻起身说："王老师，对不起，我昨天去镇上干活了，昨晚回家很迟，没陪孩子写作业，她今天早上哭闹着不来学校，我就把她好好训斥了一顿。"

我能感受到怡妈妈的无奈，给她倒了一杯水，让她先喝点水，消消气。没想到她一接住水杯眼泪就止不住从脸上滚落下来。

"怎么还哭了？怡还是小孩子，咱们慢慢来。"我安抚她说。

我给了怡妈妈纸巾，让她擦了泪水。她开始跟我倾诉怡没写作业的经过。

星期天晚上，怡妈妈回家后问怡的作业写完了没有，怡很干脆地说写完了。由于怡妈妈干了一天的活，也很累了，就没检查孩子的作业。早上起来，她听见怡在奶奶房间大声吼着哭，她跑过去问孩子怎么了？奶奶说怡没有写作业，不去学校了。此刻她真的很生气，就不分清红皂白把怡给狠狠训斥了一顿。由于她训斥得有点狠，招来了怡奶奶的反对，她们婆媳俩便为此闹了一场。

我听了怡妈妈的诉说，明白了原来怡的懒惰是奶奶的溺爱和庇护惯出来的！

为了减少怡家的家庭矛盾，我把怡妈妈好好的劝说了一番，让她尊重老人，理解老人。还劝怡妈再别那么狠心地训斥孩子了。我告诉她："孩子的好习惯，也不是一天两天就能养成的，需要花很长的时间，你得要有耐心。要把孩子当成孩子，别急，急了没用。学习习惯不是干活，不能一蹴而就，得慢慢来。"

我和怡妈妈商量：星期一到星期四我陪怡完成家庭作业，星期五到星期天她陪怡完成作业，无论再忙都要陪她，这样时间长了，她写作业的习惯也就能慢慢养成了。

怡妈妈很矛盾的离开了。

我心里更矛盾，这孩子真的是"问题孩子"。莫言说过："优秀的孩子是优质教育的结果，问题孩子是家庭的产物。"是的，孩子问题不仅是孩子自身造成的，也是家庭问题的折射。怡现在的问题在于奶奶。因为奶奶过份的溺爱成了怡改正错误和缺点时最大的障碍。当务之急不是教育怡，而是让奶奶有所改变。奶奶放手了，怡也就没有靠山了。可是。"改变奶奶"这是多大的难题！怡奶奶思想观念陈旧，没有学过文化，不懂得变通，也不懂得如今教育的目的不仅仅是让孩子学习知识，更是要让他们学习如何做一个有用的人。她善良、勤劳，生活虽然艰苦了些，但也过了一辈子，如今她又把所有的爱都给了怡。我们同情她，爱戴她，理解她，更需要慢慢说服她——溺爱只会害了孩子，在怡妈妈教育孩子时，奶奶别再插手就可以了。

怡妈妈的教育方式也有错，只要孩子不写作业就一顿训斥，使孩子和她的距离越走越远，越来越依赖奶奶。怡妈妈现在需要的就是改变她的教育策略，和奶奶好好配合，跟怡好好沟通。只有这样，怡才会有改正错误的机会，不然即使老师有再大的能耐，也无法改变怡的不良习惯。

接下来我要做的不是我对怡单方面的陪伴，而是要多次去她家家访，要好好和怡奶奶打好关系，尽可能走进奶奶的心里，开导她，让奶奶学会放手。努力做到和家长同心同德，培养怡的好习惯！

小贴士：

孩子养成良好的学习习惯，对其的学习起着至关重要的作用。小孩子以各种借口撒谎、不写作业，家长和教师不管哪一方，一旦发现，都要及时向对方说明情况，从正面引导孩子，第一次就要狠心切断"撒谎"这条尾巴，让他知道：按时完成作业是学生应做的。教师和家长的陪伴是孩子改掉不良习惯的良策。笔者不反对孩子在"错误"中成长的思想，但必须要做到杜绝孩子的"恶习"在班级里滋生蔓延。

47. 特别的爱给特别的你

文/刘艳艳

丹，是一个留守儿童，红通通的脸蛋，一条马尾辫总是扎的蓬蓬松松、乱糟糟的，衣服经常穿得不太整洁，走路也不怎么利索。

那是上学期的一个大课间，我正急急忙忙地往教室赶，被一个胆怯的声音叫住了。我回过头看，是丹。她红着脸结结巴巴地说："老……老……老师，我奶奶问……问一下你的电话号码。"

我这才知道这个孩子口吃严重。平时丹给我的印象只是胆小、内向，不敢看老师，更不敢大声地回答问题，没想到她还一紧张就会有严重口吃。我摸了摸她的头，说："老师到教室去了给你写张纸条，不然你记不住，回家就忘了。"

我又顺便问了一句："爸爸妈妈呢？"这时，我看到孩子的神情立刻变得忧郁了，低着头小声说："我爸爸经常在新疆打工，妈妈在哪打工我不知道，家里就奶奶陪着我。"听了孩子的话，我内心深处升起一缕同情。不仅是老师，同样身为母亲的我明白，这样的孩子要特别关爱。

放学后，我工工整整地把电话号码写到纸条上，递给丹。但内心一直被她的忧郁刺痛着。下班后，我拨通了丹奶奶的电话。电话那头是一个朴实、憨厚的农家老人的声音，听她的语气，好像被吓着了，她还以为孩子在学校出什么事。我把打电话的原因说清楚后，老人很感动，她给我说了丹的境遇，并再三拜托我，说她一字不识，丹的学

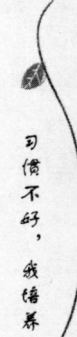

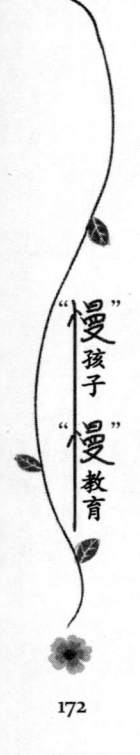

习就要多麻烦老师了。我告诉老人,我一定会在学习上多操心,生活上多关心的,让她放心。老人听后高兴地连连道谢,哽咽着说,这孩子遇到了好老师。我也从老人的话中更多地了解了丹的家庭,也明白丹特殊性格背后的原因,知道该如何关照丹了。

以后的日子,我一直密切关注着丹。上课时多给她鼓励,只要她有发言的欲望,我就赶紧给她机会。刚开始,让她认读简单的词语,后来她能大声地朗读课文。不管读得怎么样,我都给她一定的鼓励,号召全班同学为她点赞,给她掌声。有时,我会走到她身旁,摸摸她乱蓬蓬的头发,为她竖起大拇指。每每这个时候,丹脸上会泛起红晕,眼睛里写满了开心。她回答完问题坐下后,会激动地不时用眼神偷偷地看老师,我也赶紧温和地看着她。并表扬她听课很认真、专注,号召大家向丹学习。丹的坐姿更端正了,人也更自信了,脸上露出喜悦的笑容。

就这样,丹一天比一天进步了。

一个秋天的午后,阳光明媚。我去教室,丹提着一个重重的塑料袋,早已在教室门口等我了。看见我,她大声说:"老师,给你。"

我问:"什么?"

她自豪地说:"是爸爸从新疆寄回来的葡萄。"

"宝贝儿,你看爸爸多爱你,从新疆那么远的地方给你寄葡萄,你的心意老师领了,葡萄还是你吃了吧。"

孩子硬是不肯,拽着我的手一定让我拿上,还说是她特意给我准备的。我接过袋子,看到一个破旧但洗得很干净的袋子里装满绿葡萄。我知道,葡萄从新疆寄过来已经不怎么新鲜了,但是孩子给老师一直保存着,令我特别感动。这不是一般的葡萄,它饱含着一个孩子对老师全部的爱与信任。我必须好好地品尝这来之不易的葡萄。我认真地尝了一颗,"啊,好甜!"我赞叹道。不知道是新疆的葡萄真的甜,还是……

我知道，我吃的不仅仅是葡萄，这更是一份发自孩子内心对老师的爱。想起丹刚开始忧郁的眼神，再想起她后来会心地微笑，勇敢地举手，自信地表达……看着丹开心地看我吃葡萄的眼神，心里腾起一股甜甜的味道。

八九岁的孩子，本该在爸爸妈妈的呵护下无忧无虑地享受童年。可是由于家庭和其他种种原因，让一些孩子成为留守儿童——他们在快乐的童年享受不了最无私、最伟大的父爱、母爱。身为老师就要多给孩子一份师爱，多给孩子一句鼓励，多给孩子一个拥抱，把关心送给像丹一样需要关心的孩子。

丹，加油，你成长的路上有老师的陪伴，一定不孤独。

小贴士：

由于生活中缺少家庭的关爱，导致大多数留守儿童性格内向，沉默寡言，自卑。对于这样的学生，我们需要：一是关注。多留心这些学生的性格、思想动态、学习情况、班级交往等，观察他们需要哪方面的照顾；二是关爱。和这些学生多谈话，让他们感受到老师对他们的关心，可以通过家访了解，和学生聊天，让学生消除自卑心理，愿意与别人交往；三是鼓励。不管是上课，还是活动，都要多鼓励学生，培养他的自信；四是陪伴。陪学生学习、玩耍、运动，让学生感受到温暖，从而快乐学习，健康成长。

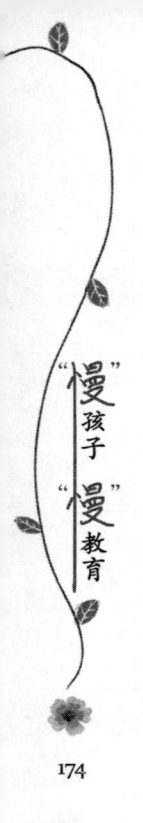

48. 改变，从习惯开始

文 / 刘艳艳

接手新的班级，各个方面对我无疑又是一个新的挑战。开学报名的前一天，我幻想着这些孩子长什么样？经过了一年的小学生活，适应得怎么样，上了二年级，上课能不能认真听讲，书写习惯是不是和我预想的一样好……

怀着期待与憧憬，我见到了一群可爱的孩子们。一声声稚嫩的"老师好！"让我深深喜欢上了他们。可是，在与他们的进一步接触中，我发现了这些孩子语文学习上的一些弱点：大多数孩子拼音学得不好，写字不懂得观察田字格的占位，笔画顺序随自己的性子写。听课习惯也不好，坐不住、不专心、缺乏思考意识……当我了解到这些后，我暗下决心——从改变他们的行为习惯做起，慢慢引导他们养成一些好的学习习惯，摒弃不良的习惯。我知道，这真的很难，不过，我会坚持。

慢慢地，经过大家的努力，孩子们逐渐走上了规范的学习道路。课堂不再是乱、吵、浮躁，而是安静、有序、思考。但是，大家静心学习、潜心思考的时候，总会冒出一些声音：要么是尖叫声，要么是铅笔敲响笔盒的声音。顺着声音，我找到了声源，原来是涛发出的。以前课堂秩序不好，大家都静不下来，所以没有注意到坐在角落的他。现在大家都安静了，他反而不习惯了。每次大家静心默读的时候，他就用铅笔使劲敲打笔盒，发出刺耳的声音，引来大家的关注。

我们把注意力集中到他身上的时候，他又一本正经，坐得端端正正。我端详涛，发现他的眼神不对，目光不敢和我对接，如果看见我，他的眼神马上就闪开，脸也涨得通红。

一上课他就坐不住，也静不下来。有时，涛会爬到座位底下拿铅笔故意戳前面同学的脚、腿，害得安静的课堂总会冒出一句尖叫："谁呀？干什么？"我也会很生气地制止，有时还会严厉地批评他。可是过后，他依旧这样。后来，我思考：这孩子和别的孩子不同，自己管不住自己，闲不下来，教室里一安静他就想弄出一点声音，以引起大家的关注。我怎样才能有效地转化他呢？

我想到了用换位的方法控制他。可是，每次换位，他前面的同学家长都要打电话来，总是说后面的涛影响自己的孩子不能专心听课。

于是我想到了把涛调到第一排的位置，并告诉他："因为你进步了，所以才把你调到第一位的。"

涛听了换位时我说的话，脸蛋红红的。我第一次看到了他目光中散发出来的自信。

在我和同学们的鼓励下，涛慢慢地能坐住了。只要他能安静坐几分钟，融入到课堂一小会儿，我就提议全班同学给涛最响亮的掌声。慢慢地，涛开始能专心听课了，当然一节课还是少不了老师不时或语言、或眼神、或手势的提醒。

接下来，我想让他有事干。听别的老师说，这孩子一个字都不认识，一年级的语文只能考个位数，二年级就更不用说了。怎么办？我想到了"因材施教"。从他的基础出发，我从最简单的"人、口、手、大、小、多、少"入手，给他学习任务。只要写对一个，就使劲夸，还把他的字放在投影仪上展示。我知道，虽然他写的字不怎样，但在每一次表扬之后，我看到涛更有信心了。哪个人不喜欢得到表扬呢？更何况是七八岁的孩子！

现在，涛能认识几个简单的汉字了，偶尔还会举起小手，给生字组词语。对涛来说，这无疑是一个"巨大"的进步。不过，我得时刻关注他，如果不关注，他就又我行我素，继续捣蛋，惹得大家都不喜欢他。我对涛花费的精力比其他学生多许多，但收效甚微。有时候，我还真就没信心了，有打退堂鼓的念头。可是，当我看到"守望者"群里家人们对那些特殊学生的耐心和细心，又对自己说：不要急，一定不要急，慢慢来。

当我们面对像涛一样的学生时，耐心显得特别重要。我们不能急于求成，要尽力按照他的特点改变他，从培养良好的习惯开始，慢慢改变，只要今天的他比昨天进步一点点，就是成功的。千万不能放弃他们，与教育者而言，不放弃任何一个"慢孩子"，本身就是一种智慧。

虽然今天的"涛"还有许多不尽如人意之处，但我想：只要"咬定"他不放，只要让他融入班集体，只要同学们慢慢喜欢他，慢慢去改变他的习惯，滴水穿石，相信他在学习的道路上一定会走得更远一些！

小贴士：

对于习惯不好的孩子，我们先从培养最基本的习惯开始，慢慢改变。对于改变像涛一样的孩子，我们需要从细节入手，教给孩子良好的听课习惯、写字习惯、卫生习惯等。只要孩子有一点点的进步，教师就要给予及时的表扬、鼓励，让孩子明确怎样做是对的，也让他体会到被表扬的快乐，找到自信，慢慢地养成良好的习惯。

49. 用爱和坚持创造奇迹

文/余婉卿

如果说每一个孩子的成长过程都是一个独一无二、引人入胜却没有完成的故事，那么，老师工作的每一天，就是在不断续写和完善这个独特而精彩的故事情节。正因为如此，老师的工作才充满了许多未知，时刻充满挑战，需要老师用耐心去期待，用爱心去感化，和主人公们一起哭，一起笑，一起成长。

今天要讲的故事主人公是我们班的张同学。在我接手这个班级之前，就已经听说张是年段鼎鼎有名的人物——喜欢捣乱、破坏公物，有暴力倾向，对学习毫无兴趣，是个极具特色的"慢"孩子。

开学第一天，我看到孩子们桌面上都放着一本《寒假生活》，于是我就想以这份作业为契机，对张进行改变和教育。因为他个子小，坐在第四组的第一排，我默不作声地走到他身旁，顺手拿起他的《寒假生活》翻了翻，发现还有将近三分之二没有完成，仅完成的三分之一字迹非常潦草，而且本子上连姓名都没有。我俯下身子轻轻对他说："孩子，把姓名补一下，可得一笔一画认真写哦。"在老师的眼皮子底下完成这么一件简单的事，谁不会呢？在我的关注下，他真的一笔一画认真地写下自己的姓名。只不过每个字的笔画笔顺都存在着问题，但我还是肯定了他。我一边拿着《寒假生活》，一边指着上面的字，表扬了他的认真态度。对于他来说，这样的话语可能是万万没有想到的，以至于被表扬时几乎涨红了整张脸，浑身显得不自在。我相

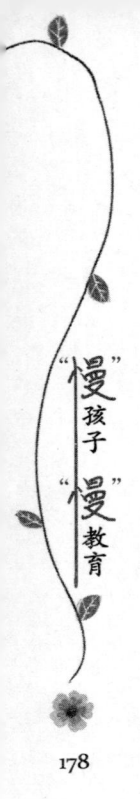

信，他的内心一定是美滋滋的。作为成年的我们都希望能获得他人的肯定，又何况是孩子，更何况是长期不受大家欢迎的"慢"孩子呢？

　　当天放学前，我布置了一份特殊的作业——让孩子们每人准备一本笔记本，晚上完成一篇日记。在放学离开校园之前，我特意叮嘱张一定要完成好这份作业。因为之前他是一个不爱学习的孩子，极有可能会把老师的话当成耳边风，因此必须强调一下，而且必须是单独提醒。

　　第二天一早，他就拿着本子兴冲冲地来找我，本子是全新的，可是写姓名的位置贴着一小张极不和谐的小纸片，边角是手撕的痕迹，参差不齐的四边用透明胶固定着，但纸片上端端正正地写着班级、姓名。直觉告诉我，他昨晚完成这份作业时，肯定是觉得原先的姓名写得不好看，想通过这种方式来弥补遗憾。于是我就摸着他的头对他说了我的猜测。不出所料，他不好意思地低下了头，我就借此机会夸他是个有心的孩子。紧接着，把他带到办公室，拿出一张自己买的标签纸，把他原先那张小纸片小心翼翼地撕下来，将新的标签纸贴在了原来的地方，让他把姓名再写一遍。毋庸置疑，他按照我的要求完成了。

　　下午，日记本收上来批阅的时候，我迫不及待地想看看孩子们写的日记，当翻开张的日记时，我傻眼了，居然写了满满一页的内容，虽然语句颠三倒四，错别字扎堆，所有的"师"字都写成了"帅"，从头到尾就一个标点符号——文末的句号，但看得出来每个字都是一笔一画认真写出来的。看完后我当即写下评语：孩子，看了你的日记，老师特别开心，因为你很用心，也很认真，还懂得用文字去表达自己见到新老师的心情。如果这篇日记再加上适当的标点，那就更好了。

　　后来，我在班上总是用心创设一次又一次表扬他的机会。慢慢地，他对我、对语文课上心了，并尽自己最大的努力把最好的一面展现出来：上课的时候，背挺得特别直；每一次作业只要是抄写的，都跟第一次写给我看的字一样工整；衣服的袖子、翻领都是特别整齐，每一天都以最好的状态来到学校。一段时间之后，张妈妈告诉我，孩子希望家长来见我，因为他觉得自己进步了，想让家长当面向我确认。

事后，我与张妈妈进行了深入的沟通，才知道之前为了教育这个孩子，家长不惜采用极端的手段进行施压。就是这样的张，从新学期开始，有了学习的劲头，之前的恶习与日俱减，第一单元成绩就与不及格告别了。

四年级下学期，由于父母工作原因，张转学到了另一所学校，在此之后，他与我的联系一直没有间断过，我对他的关心和鼓励依然坚持着。

后来，他又转学回来了。回校时，我和全班同学还为他举行了一次别出心裁的欢迎会，他特别感动，也不负众望，用实际行动告别了他的"慢时代"。

小贴士：

遇到"慢"孩子，老师第一时间要做的就是想方设法用心去了解孩子，探究孩子行为背后的原因，发掘孩子背后所具有的潜能，相信他，鼓励他，给予孩子最大的支持。尽管这个转变的过程是漫长的，甚至有时候会出现各种反复现象，但必须相信，坚持不懈地付出老师的真心与爱，一定会不断地在学生身上找到进步的痕迹。

细活慢功,我坚持

50. 基于特殊学生转变的"慢"教育思考

文/董新民

对于许多一线教师来说,那些在思想品德、学习态度、行为习惯、心理等方面存在较为严重问题的"特殊学生"是许多麻烦的"制造者",会大大影响班级同学的正常学习和活动。转变这些"特殊学生",往往会出现事倍功半,甚至无功而返的情况。在对待"特殊学生"的态度上,家长和老师一样都有太多的恨铁不成钢,太多的急功近利,太多的急躁冒进和揠苗助长,太多的高期待和不理解,缺乏应有的期待和从容。

教育是一个"慢活""细活",是生命的潜移默化过程,教育的变化是极其缓慢、细微的,需要深耕细作式的关注和规范。我们需要让教育"慢"下来,除了关注成绩外,更要关注学生的心灵世界。唯有如此,"特殊学生"才会在"慢"教育中树立自信、认识自我、转变陋习、努力提升。

在笔者看来,在"特殊学生"的转变过程中,我们应该从以下五个方面尝试践行:

一、尊重比爱更重要

对"特殊学生"来说,刻意的表扬、鼓励、批评和谈心,虽然是

---

[1] 董新民.基于特殊学生问题的"慢"教育思考[J].青少年日记.教育教学研究,2019(12):158-159.

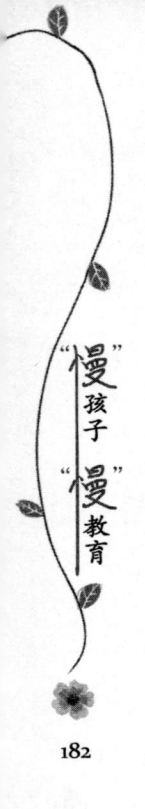

教师真心希望的，但却是带有某种直接或间接的目的，心中预设着结果，与他们的内心认知、体验和情感有时是无法接轨的，甚至是背道而驰，入不到他们的内心，也就无法得到预设的结果。很多时候，我们的"爱"没有进入"特殊学生"的内心，他们拒绝"施舍"，排斥说教，"坚信"自己的落后，对自己失去信心，大有"破罐子破摔"的架势。面对这样的孩子，我们需要以尊重为前提，与他们交心，给他们做人的尊严，才能真正地改变他们。A同学经常打架斗殴，搅得班级不得安宁，教师与他对话时，他总是偏着头，一副刀枪不入的架势。后来，了解到他的实际情况后，我心里也很焦虑，心想既然"遇"上了他就不要放弃他，在试着与他交流时，效果总是不好，他一直拒绝着我。有一天，办公室里只有我一个人，我叫来他，给他搬来一把椅子，让他坐在我对面。这样的交流慢慢改变了他的对抗情绪。以后的交流，我们都是这样进行的，他也开始改变自己。他不再捣乱，慢慢和班级融在了一起，也为班级做了许多事。虽然他最后没有考上高中，但上了职中后，选了自己喜欢的汽修专业。

真正让"特殊学生"认可我们，然后改变自己，或许只需要一个拥抱、一个微笑、一个平起平坐的尊重。这尊重里，有对生命、知识和人格的尊重，更有对思想、智慧和未来的尊重。

二、保护他们如星星之火的兴趣

"特殊学生"并非对学习毫无兴趣。他们有的对数学感兴趣，有的对物理感兴趣，有的对化学感兴趣，有的对地理感兴趣，有的对历史感兴趣，有的对生物感兴趣，有的对某种乐器感兴趣，有的对绘画感兴趣，有的对某种体育运动感兴趣……这些兴趣或许是单一的，或许是片面的，但是老师不能简单粗暴地否定或干预，也不能漠视，而应该小心地捧起，细心地保护，让其成为"特殊学生"前行的动力。应该注意的是，特殊学生的兴趣非常脆弱，如刚刚燃起的星星之火，有时老师的漠视就能将其掐灭。B同学是个十足的"特殊学生",每次考完试后,家长的"暴风雨"总会向他袭来,但事后他的成绩依旧。后来,我发现虽然他的总成绩排在最后,但语文不错,每次检测都能及格,B的一次考场作文让我感叹,我还给办公室的同事读了,(他们都不相信是B写的)。后来,我观察到他特别喜欢读课外书,在与B的父母交流时,他们也说B就爱读课外书。与B交流,表扬了他的作文,鼓励他,并激励他也一定能将别的课程学好。后来,他的其它课程也有了不同程度的进步。现在想来,我觉得正是那时对他学习语文的兴趣的保护,才不至于他对学习完全失去兴趣,过早脱离学校生活。

三、让劳动、运动等成为他们持续前行的助力器

苏霍姆林斯基认为:儿童的智慧在他的手指上。大多数"特殊学生"特别愿意在劳动或运动上表现自己,在劳动和运动上,更容易树立他们的自信。教师,特别是班主任,在充分利用好学校组织各项文体活动的同时,还要有意识地组织一些师生共同参与的班级文体活动,有意识地引导和鼓励特殊学生积极参与。虽然现在的学校生活中基本上没有劳动,但教师可以将班级工作中的一些"劳动"工作,如修理课桌凳、粉刷后墙黑板、制作教学具等交给"特殊学生",在这些具体的"劳动"过程中,发展他们的智慧,开发他们的大脑,树立集体生活的自信,增强学习的信心,从而默默地改变他们。C同学学习习惯差,但特别爱劳动,每次学校安排劳动,C就特别兴奋,总是冲在最前面。劳动中,他不仅干完自己该干的活,还帮助体弱的同学,同学们都很喜欢他。每次劳动,他额头的汗水直流,但他的笑容最灿烂。劳动总结中,同学们经常给他竖起大拇指,班主任也大力地表扬了他。后来,班级的所有卫生用具他都开始打理,一有损坏他就及时报告、维修。老师经常为此表扬他,他在同学面前有了自信,一

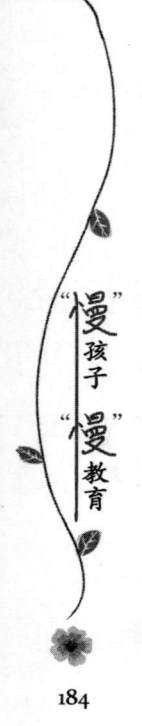

些学习习惯也改变了，学习成绩也有了明显的进步。

四、让阅读在后进生转变中凸显持久的力量

苏霍姆林斯基告诉我们：阅读是对"学习困难的"学生进行智育的重要手段。可是，面对学习困难的学生，我们的老师总是要求他们只读课本，不要去读其他的东西，以免分心。甚至还有老师认为，这些"特殊学生"，就是赶紧学、抓紧赶都跟不上，再去读一些"闲书"，不是让他们更跟不上了吗？李镇西在转变万同时，有一个特别的做法，让万同抄写《烈火金刚》，让万同在课堂上有事做，有书抄，书中的人物和故事会悄悄影响万同的思想和行动，不再捣乱和影响其他学生的学习。万同最后的变化，不正是告诉了我们苏霍姆林斯基提倡的"阅读"可以转变差生的道理吗？其实，当阅读真正进入一个人的内心的时候，阅读是可以改变一个人的生命状态的。当然，阅读的力量不可能是立竿见影的，而是隐形的，是长远的，需要我们不断地坚持，持久地关注。

五、让"表扬、赏识、激励"在"特殊学生"转化中生发奇特的魅力

"扬学生之长，越扬越长；指学生之短，越指越短。"赏识就是认识到别人的才能或价值而予以重视、肯定或赞扬，从而激励人努力前行。人生最大的快乐，莫过于自己的才能或价值被重视或赞扬。其实，表扬、赏识和激励是相互映衬、互相补充的，适时的、恰当的、真诚的表扬、赏识，能起到"催化剂"的作用，激发"特殊学生"的学习兴趣，激励他们努力跟上全班同学，积极改变自己，慢慢提升学习成绩。只要坚持，表扬、赏识和激励会产生神奇的力量，改变"特殊学生"的认知，提升他们的意识，坚定他们的意志。北是从别的学校转来时，家庭作业一个字也不写，正式作业也不交，测试成绩很差。班主任经过几天的观察后，发现他比较聪明，主要原因是懒惰，导致养成不写作业的习惯。几次强迫他写，结果都无功而返。庆幸的是，第一次作文他竟然交上来了，虽然只是处于中等水平，但老师为了给他自信，给了个大大的"刊"字。对于学生来说，作文能在本班的班报上刊用是对他的最大奖励和肯定。作文本发下后，老师在全班同学面前大力地表扬了他，并走到他跟前，摸着他的头，说了句"你很棒！"后来，在与家长的交流中，老师又在家长跟前表扬了他。老师常常用放大镜寻找他的优点，一有机会，就表扬他。得到赏识的他，自信心逐渐树立了起来，开始有了"我要学"的意识。慢慢，他开始交作业了，上课主动回答问题了，劳动积极了，家庭作业也能自觉写了……经过一学期的努力，他的语文测试成绩竟然考了79分，但大家知道，北的进步远远不在成绩表面。

综上所述，我们需要通过"等待、耐心、从容、宽容、期待"和"关注、理解、陪伴、欣赏、赏识、鼓励、激励"这些"慢"教育元素在"特殊学生"心里的种植和浸润，给"特殊学生"一份关爱、一份尊重、一个转变，营造关爱"特殊学生"的氛围，让"慢"教育给予"特殊学生"对知识的热情、对自我成长的信心、对生命的珍视，以及更乐观的生活态度，让教育回归生命的本真，充满幸福的味道。

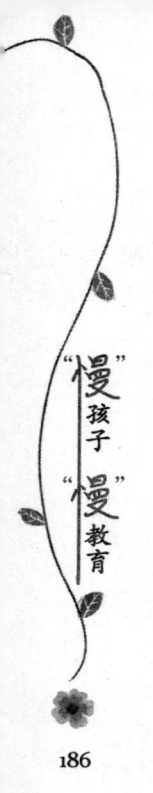

51. 为什么"特殊孩子"不当"好学生"?

文/董新民

不管怎样的班级,总有几个"特殊孩子",他们要么屡屡出"事",要么偶尔闹"事",要么无所事事,学习似乎与他们无关,教育似乎离他们甚远。为此,很多班主任视他们为"眼中钉""肉中刺",想尽一切办法与他们周旋,经常弄得精疲力尽,然收效甚微。

记得七年级带一班新生时,一节班会课上,我问孩子们有没有不想当"好学生"的人?没有人举手。接着我让想当一个"好学生"的学生举手。起初稀稀拉拉,偶有几个。一些孩子低下头沉默,但有几个孩子昂起头,左看右瞧,面带我读不懂的笑。后来,我让大家闭上眼,再次要求想当"好学生"的举手。这时,大多数孩子举起了手。不过,那几个昂起头的孩子依然面带"微笑",左顾右盼。我放大音量,提醒每个孩子闭眼。闭上眼后,又有几个孩子举起了手。不过,还是有两个孩子睁一只眼、闭一只眼,偷看别的孩子,脸上依然是"微笑"。我走过去,轻轻地在他俩头顶摸了一下,他俩也闭上了眼。当我回到讲台,回顾全班,再次让想当"好学生"的举手时,所有的孩子都举起了手。

一直以来,我认为虽然全班同学都举起了手,但还是有几个是"骗"了我,也"骗"了自己的。因为后来,依然有几个"特殊孩子"让班级事故不断,弄得我焦头烂额。

过了不到一年,有两个孩子辍学了。

在前段时间遇到他们,十几年后的他们都已成家立业。餐桌上,他们回顾那一段时光,面带"尴尬"的笑,偶尔看我一眼,不敢与我长时间对视。

就从那"尴尬"的笑,还有至今的"不敢对视",我才相信那一次的举手,他们没有"骗"我,也没有"骗"自己。

至此,我坚信,没有一个孩子不想当"好学生"。

那么,为什么依然有一些孩子不当"好学生",不断制造事故呢?

首先,老师所预期的"好学生"标准与"特殊学生"的实际发展不符。在老师眼里学习好、听话、有礼貌,这是好学生的基本标准,可他们做不了,特别是学习好。由于日积月累的诸多原因的影响,他们学习困难、成绩不好、很多老师也就看不到他们的"刻意表现",用"有色眼镜"看待他们的一切行为,经常有意无意地给他们贴上他们不愿意接受的标签。他们的学习无法跟上,总是拖班级的后腿,特别是他们心里慢慢就会坚信这是无法改变的,也永远当不了"好学生"。谁会去改变无法改变的事呢?

其次,有些习惯真难改变。凡属习惯都具有一定的稳定性,因为习惯是无数次重复同样的行为造成的。我们在"特殊学生"身上花费了太多精力,目的是得到预期的改变,追求"立竿见影"的效果。老师急于求成,紧盯学生,和学生较劲,而学生每每力不从心,结果信心丧失,便破罐破摔,或者与老师激发矛盾,酿成事端。有时候,他们会无意识、习惯性地犯错,甚至犯一些低级错误。转变这些"特殊学生"的"特殊状况",我们总是预设得太多,结果失望也就越多。养成一种习惯尚且需要21天,改变一种习惯岂是三两天可为?

再次,"特殊"孩子也需要找到存在感。不被老师看在眼里,经常受到"批评",时时接受"教育",这些孩子总感觉自己是被世界遗忘在了某一个角落。经过"家校联系","恨铁不成钢"的父母自

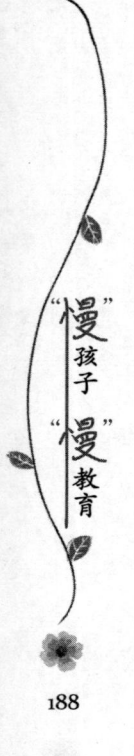

会对孩子又是一阵数落，拿别人家的孩子相比。当然，孩子也会把自己和别人比，从学习、习惯，以及老师和家长的关爱程度，甚至从将来，越比较越心灰意冷，感觉自己失去了存在感。想要找到存在感，让老师和同学看到自己，只有课堂上发怪声，接老师的话茬，时不时地和老师对着干，或者课外、周末制造一些事故等。或许，我们会认为大多数学生也特别看不起他们，孤立他们。其实不然，他们身上的某些品质，如义气、大方、敢作敢为等，都会得到别的同学的赞赏。其实，这些孩子的身边经常会有许多同学，包括一些"好学生"。因为寻找存在感，让他们距离"好学生"越来越远。

还有，经常遭遇误会，缺少持续关注、关爱、鼓励和监督，这些都是"特殊孩子"不被转变的因素。

综上所述，"特殊孩子"在内心深处也渴望自己成为一个老师、家长和同学心中的"好学生"，但在"追求"的过程中，距离"好学生"越来越远，最后放弃和决裂，根本原因是在寻找自己的道路上忘却自己、迷失自己、背叛自己。

让"特殊孩子"向"好学生"靠近，关键是老师、家长、同学和孩子自己共同发力，尊重与引导并重，鼓励和监督齐行，让"特殊孩子"找到真正的自己、独一无二的自己。

52. 解读陶行知"四颗糖"的教育智慧

文 / 董新民

打开微信，再次从"镇西茶馆"读到李镇西推出的文章《如果老师被学生骂了，或者老师忍不住骂了学生，该怎么办？》，又一次从文中读到陶行知"四颗糖"的故事……

一次，陶行知看到学生王友用泥块砸同学，当即制止，让他放学后到校长室。陶行知回到校长室，王友已等在门口准备挨训了。没想到陶行知却给了他一颗糖，并说："这是奖给你的，因为你很准时，我却迟到了。"王友惊疑地瞪大了眼睛。陶行知又掏出第二颗糖对王友说："这第二颗糖也是奖给你的，因为我不让你再打人时，你立即就停止了。"接着，陶行知又掏出了第三颗糖："我调查过了，你砸那些男生，是因为他们不遵守游戏规则，欺负女生；你砸他们，说明你很正直善良，且有跟坏人作斗争的勇气，应该奖励你啊！"王友再也控制不住自己的情绪，泪水夺眶而出，内心的愧疚在呐喊，不由脱口而出："陶校长，你打我两下吧！我错了，我砸的不是坏人，是自己的同学……"陶行知这时笑了，马上掏出第四颗糖："为你正确地认识错误，我再奖给你一颗糖……"

这个故事已记不清读过多少遍，读过，有感动，有折服，有惭愧，而今晨，我从陶行知"四颗糖"里读出了教育的智慧：

第一颗糖是尊重。没有爱便没有教育，但尊重比爱更重要。我认为爱是教育的底线，没有爱不能进行教育。这里的爱，一是指对学

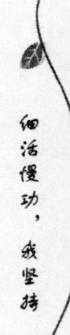

生的爱；二是指对职业的爱。将爱看作教育的底线，可能有人认为有些苛刻。我认为不然，因为我们面对的是人、是心灵，对生命、心灵的尊重，则是实施教育，发生改变的前提。不相信，不认同，就不可能改变。一般情况下，校长或老师对自己的"失约"视为当然，特别是面对学生的时候。在学生的心里，自己犯了错，在校长办公室门口等校长是理所当然的事，也难怪当陶行知奖给王友第一颗糖时，他"惊疑地瞪大了眼睛"。在王友看来，校长的这一颗糖不仅仅是为自己"失约"的致歉，更是对他前所未有的尊重。有了"第一颗糖"的"尊重"这个前提，接下来的教育和影响才会在心灵的层面发生。

　　第二颗糖是表扬。教师要及时、恰当地对学生的思想和言行进行评价。发现学生的闪光点，要用放大镜"放大"，要毫不吝啬地给予表扬。当然，表扬不能简单到"你最棒"，更不能延伸到无原则的"我认为你是最棒的"。我们要相信学生具有辨别的能力。在我看来，幼儿园的孩子都已经可以辨别"你是最棒的"的评价含义了。只有及时、准确、恰当的评价，才能对学生发生积极的影响。陶行知的第二颗糖，就是对王友令行即停的及时评价，能停止错误就要表扬，更能让王友明白自己用泥巴打学生的错误。表扬是一种艺术，会产生一种魔力，对学生的影响是不可想象的。管建刚能创造一个个语文教学和作文教学的奇迹，表扬起到了重要作用。

　　第三块糖是理解。当然，我这里说的理解是调查之后的理解，不是想当然的盲目的认同。陶行知通过调查了解到王友"砸那些男生，是因为他们不遵守游戏规则，欺负女生"，并分析表扬了王友的正直善良和跟坏人作斗争的勇气。如果没有调查，我们怎么能理解王友的行为？

　　当陶行知道出奖励第三颗糖的原因后，也深深感动了王友，王友"再也控制不住自己的情绪，泪水夺眶而出"，理解给予的力量开始让他反思自己的错误。苏霍姆林斯基说过"真正的教育是自我教育"。

王友在内心深处的反思，正是基于陶行知真诚、恰当的理解。

第四颗糖是真正的惩罚、是自我惩罚。只有学生真正明白自己所犯的错误而主动接受的惩罚，才有最真切、最现实的意义。如果陶行知将王友叫到办公室，劈头盖脸就是一顿批评，王友会这样认知自己的错误吗？或许他会偏着头、瞪着眼，为自己的"正直善良"耿耿于怀呢！从这个意义上讲，帮犯错误的学生认识自己的错误，比惩罚更重要。因此，我认为要尽可能地把惩罚还给学生。

品完陶行知的"四颗糖"，也让我回顾反思了曾经的教育，惭愧不已，也真切地明白一个道理：教育，只有从一个心灵出发，才能到达另一个心灵。

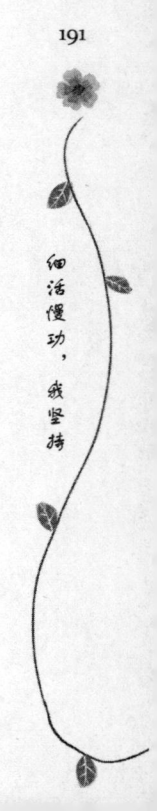

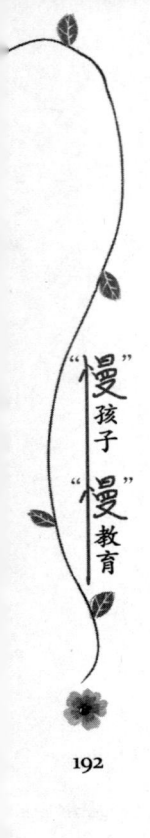

53. "弯材料"也能"端起来"

文/薛卉琴

常听到一线班主任有这样的慨叹：某同学是天生的"弯材料""刀斧不入""软硬不吃"，实在没有办法，只能放弃，任其自生自灭了。每每听到这样的话，我想每位老师及家长心里总不是滋味。所谓"弯材料"，是指那些性格怪癖，行为顽劣的"特殊学生"。他们经常给会老师制造麻烦，影响正常的教学秩序。对他们的教育的确存在很多困难，需要教师付出很多心血。然而教育的真正意义和价值，恰恰就体现在对这些"特殊学生"的行为矫正和态度转变上。轻言放弃，是教育最大的失败。

瑞是我从初一接手的学生，他就是所有老师眼里"刀斧不入"的"弯材料"。他懒惰成性，据说小学阶段几乎没写过作业，无论老师如何软硬兼施、恩威并重，家长的双脚都踏破了学校的门槛，他自岿然不动；他贪玩好动，上课时两只手从来不会闲着，不是在桌箱里玩弄小玩具，就是折纸、拆卸笔杆、做小动作，反正不会聚精会神听课；他经常逃学、撒谎、打架、说脏话、骂人……几乎所有的坏毛病他都占了。提到他，没有老师不头疼的。然而，在我接手他一年半的时间里，我们"斗智斗勇"，关于他的成长故事，我写了近五万多字。瑞在悄悄发生变化，他身上的一些"劣迹"慢慢消失了，开始变得自律、阳光、勤奋。从瑞的成长中，我摸索到了一些让"弯材料""端起来"的有效策略。

一、给他一把椅子,让他坐下来,听他慢慢说

开学报到的第一天,传说中的瑞就表现出了他"弯材料"的一面——迟迟不来报到。直到同学们打扫完卫生,准备发放课本的时候,他才摇摇晃晃走进教室,两只手插在裤兜里,衣服拉链没拉,松松垮垮敞开着。他径直走到最后一排,一个人坐下来。我问他叫什么名字,他从嘴皮底下挤出"瑞",也不看我,自顾自地抠着手指甲,表情很漠然。他的态度的确让人生气。不过,我对他早有耳闻,我知道这个时候生气批评没有任何意义,我需要找一个合适的契机和他谈心,进一步了解他。

两天之后,同学们开始纷纷"投诉"瑞,列举他的种种劣迹。于是,便有了我和他的第一次谈心。

刚开始,瑞低着头,站着不说话,一副接受批评的样子。我给他搬了一把椅子,让他坐下来,并随手给了他一个梨,我们边吃边聊。我有意避开孩子们"投诉"他的事,聊他最感兴趣的运动。得知他喜欢打乒乓球,我说自己也喜欢这项运动,并提议找时间和他切磋切磋。我们的谈话很投机,从开始的抵触到后来的完全敞开心扉,我知道,我给他的那把椅子起了重要的作用。让他坐下来,我们促膝而谈,没有了老师高高在上的距离,没有之前惯有的"审查",平等、和谐的谈话方式,给了他很大的心里安全感。所以,他愿意和我交流,愿意为我敞开心扉,对我有了基本的信任。这是一个很好的开端,为我之后对瑞儿的教育打开了一扇门。

后来,每每和学生谈心,我都会搬一把椅子,让他坐下来,听他慢慢说。我会尽可能地营造和谐融洽的交流气氛,与学生相对而坐,

有时还会握着学生的手，跟他轻松聊天。这种拉家常式的谈话，会给学生一种平等、自由、宽松的感觉，消除了他们内心深处对老师的畏惧感，最大限度地放松了戒备心理。只要孩子们能对你畅所欲言，你的教育就有了方向。

一般情况下，像瑞这样的"弯材料"由于经常受批评，会把自己有意识地保护起来，封闭自己的内心，别人无法知道他的思想动态，了解他的内心活动。这也是对他们难以实施有效教育的原因之一。所以，打开他们的心扉，了解他们的内心世界，是对他们实施教育和影响的第一步。瑞的案例告诉我们，搬一把椅子让孩子坐下来，与其促膝谈心、轻松聊天，是消除与这些"弯材料"之间的距离，拉近与他们的关系，取得他们的信任，从而走进他们内心世界的有效方法之一。

二、绕到"毛病"背后去，找到因果，谨防"刻板印象"

每个孩子，都是上帝派来的"天使"。他们的本质是纯真洁净的，他们的心灵是善良美好的，没有哪个孩子天生是"弯材料"。"弯材料"身上的"顽劣"，我们常常视之为"毛病"。是"病"，就有"病因"。要"治疗"这些孩子的"毛病"，找到"病因"是关键。所以，作为一名班主任要学会"望闻问切"，仔细把脉，准确诊断。

瑞身上最大的"毛病"，就是懒惰，从来不写作业。我通过家访和走访他原来的小学老师，才知道，造成这一"毛病"的，不是别人，恰恰是老师。瑞一年级的时候，写字很慢。其他孩子都完成了作业，他却迟迟完不成。老师没有耐心等待他，总是各种威逼，甚至常常通知家长。老师越是这样，孩子写字越慢，越完不成作业。后来，孩子惧怕老师，出现了逃学、说谎现象。再后来，老师认为瑞是"弯材料",不想在他身上浪费精力,干脆放弃了。小学一年级,瑞的作业老师几乎没有阅过。"弯材料"成了瑞留在老师们心中的印象。最可怕的是,这一印象竟成了"刻板"。瑞小学六年,很少有老师去关注他。孩子一直被忽视,养成了懒惰、不写作业的习惯。而家长又缺乏正确的认识和教育方法,简单、粗暴,动辄拳打脚踢,武力征服。于是,"懒惰"开始诱发其他毛病的发生,上课贪玩、打架、说脏话、逃学、撒谎……自然就成了大家眼中名副其实"不可救药"的"弯材料"。

其实,在和瑞不断"过招"的过程中,我发现他并非一无是处。相反,他身上有很多可贵的品质,他仗义、讲义气、有担当、爱憎分明;他热情、大方、不抠门、乐于助人;他心灵手巧、喜欢做手工、有思想、有个性。遗憾的是,由于长期的"刻板印象",他的优秀品质一直被"劣迹斑斑"掩埋了。

也许,瑞的遭遇,在很多像他一样的"弯材料"身上也同样发生了。很多老师由于眼睛只盯着成绩不放,致使像瑞一样的孩子从一开始就被扣上了"弯材料"的帽子,久而久之,"罗森塔尔"的反效应就在他们身上发生了。

不急着下结论,绕到"毛病"背后去,寻因溯源,找到病根,对症下药,是医治这些"弯材料"身上诸多"毛病"的关键。千万不能受限于"刻板印象",忽视了对这类孩子的正确认知和评价,以至于以误传误,错过了教育的关键期,影响了孩子的一生。

生活中,很多"事实"并非真相。了解"事实"背后的真相,是班主任化解学生矛盾,处理班级问题、教育特殊学生的重要思想。班主任面对的工作复杂多变,特别是像瑞这样的"弯材料",随时都有"诉讼",随时都要"断案"。静下心来,绕到"事实"背后去,

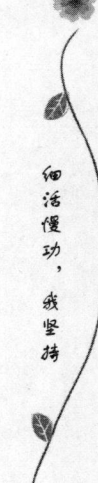

了解事实真相，就事论事，就会尽可能地理解孩子，尊重孩子，减少"冤假错案"。就会得到孩子们的信任，走进孩子的心灵，这样，真正的教育就会发生。

三、带上放大镜，捕捉他的优点，树立他的自信

美国心理学家卡耐基说，要改变人而不触犯或引起反感，那么请称赞他们最微小的进步，并称赞每个进步。对于像瑞这样的孩子，他们听惯了批评、指责乃至惩罚，以至于习惯了这种生活。批评说教与他们而言，几乎没有了什么效果。因此，便给老师们"刀斧不入"的感觉。其实，这类孩子的心灵反倒很敏感，他们的自尊心很强，渴望被重视、被尊重、被欣赏。老师如果能带上"选择性"放大镜，有意识地避开他们长期被斥责的缺点和不足，专门捕捉他们身上的优点，并及时放大，让集体看到、认可、尊重、欣赏，让他们融入集体，在集体中成长，他们后期的变化往往会让人意想不到。

和瑞"纠缠"的过程中，我盯着他的一举一动。只要有一点闪光点，我都会及时捕捉，写成文章，在全班诵读。瑞无意识提起水壶给教室里的花盆浇了水，我及时发现，并大肆表扬他的主人翁意识。于是，便有了他用废纸杯给班级做"小企鹅"白板笔筒的创意，有了偷偷修好班级图书柜的行为，有了主动擦黑板、搞卫生的举动；瑞上课主动举手回答了一次问题，我及时表扬他会思考，能积极发言，有看得见的进步，于是便有了他主动补作业的行为，有了向老师主动问题的行动，有了请同桌订正背诵的现象……

一个经常在责骂中生活的孩子，鼓励和欣赏给他内心的震撼，会唤醒他的自觉，催生他内心向善向上的渴望，这种渴望会不断给他力

量、给他自信。让他在不断体验成功的喜悦中自觉告别陋习，不断完善自己，逐渐走向成熟。

其实，像瑞这样的"弯材料"，并非"刀斧不入"、无药可救。只要我们不嫌弃、不放弃，主动走近他们、了解他们、用心守护他们，总会找到"医治"他们的良方，找到打开他门心门的真正钥匙。成功的老师不是教出了多少大学生，而是"拯救"了多少"弯材料"。

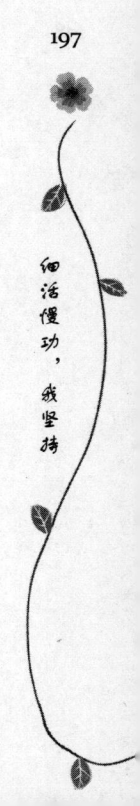

54. 俯身，嗅一片花香[1]

——"慢"孩子教育之我见

文 / 魏春燕

苏霍姆林斯基说："在对一个集体进行教育时，必须了解这个集体中每一个儿童不同的精神世界，细心地教育每一个培养对象。"每一个班级，总会遇到各种"慢"孩子——就是班级里的"特殊孩子"，是指身体机能、思想品德、学习态度、行为习惯、心理等方面存在较为严重的问题，而且用常规教育手段不能解决其问题，需要进行个案诊疗的学生。如何对"慢"孩子有针对性地进行教育，也是我们教育智慧的重要体现。

一、重赏识，明确方向

心理学家威廉·杰姆斯曾说："人性最深层的需求就是渴望别人的赞赏。"著名作家马克·吐温也曾深有体会地说："靠一个美好的赞扬，我就能快活两个月。"很多时候，"慢"孩子处于黑暗的角落里，他们常常得不到阳光雨露，久而久之，将内心封锁，外界的喜怒哀乐与他无关，对任何事情表现出冷漠的态度，或者用另类的方式引起别人的注意。教师需要用"赏识"这把钥匙打开孩子的"心锁"。

瑞，是我班的一名回族小姑娘，父母做生意，疏于管理，身上有很多不良的习惯，不写作业、不按时上学，甚至出现过逃学现象。但她的嗓音条件特别好，语感也很不错，抑扬顿挫明显。有一次在群里读书，

[1] 魏春燕.俯身嗅一片花香[J].课程教育研究，2019（7）：80.

我听到后特别激动,回复了一句话——"声音如百灵鸟歌唱,朗读如山泉叮咚,真好。"正是这句话,让孩子对读书产生了兴趣,有了上进的动力。每天晚上关于读书的作业完成的最认真。慢慢地,语感比以前更好了,每次,同学们读不到位时,请她在课堂上范读。我抓住细节大力表扬,一点一点改变她在同学们心目中的形象,她变得自信了很多。

她家在路边开着一家小卖铺,有时我会进去看看她的学习状态。首先将她在学校里优秀的表现说给家长听,让快乐成倍分享,然后委婉指出她还需要努力的方向,孩子、家长也欣然接受。这样,孩子的努力有了目标。为了鼓励她,我把国旗下讲话的重任交给了她。她没有辜负我,展示了自己的演讲实力,做到了落落大方,声情并茂,受到了校长的赞扬和同学的认可,她比以前更加热爱朗读了。

"朗读"这件小事,在我有意识地引导下,成为促进她学习进步的契机,也促进了她良好品格的形成。现在,她常常帮我干些班里的事务,成了我的小帮手。

"扬学生之长,越扬越长;指学生之短,越指越短。"老师手中应该时刻拿一把"放大镜",放大孩子的优点,有目的地赏识,指出其努力方向,让学生体会到成为"好孩子"的感觉,促进个体自身的转变。

二、细观察,寻找契机

无论什么样的孩子,身上总会有一些闪光点,作为教师,应该像果园园丁精心照看刚嫁接的果树枝那样,精心呵护,发现和保护孩子身上的一切好品质。对"慢"孩子来说,寻找他们身上的优点,发展并巩固其自我尊重的感情尤为重要。

北是三年级时转到我们班里来的,他学习基础很差,作业几乎不写,个人卫生习惯也比较差。在几天的观察中,我发现这个孩子最大的优点是聪明,上课回答问题很积极。每当他回答了问题后,我总会肯定地说:"你的思维很好。"孩子眼神里闪过一丝快乐,当天的表

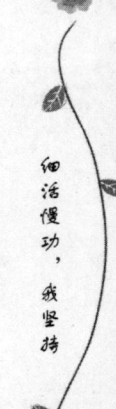

现会稍微好一点。这样的孩子，需要持续关注。于是，我每天都在寻找他的闪光点。

第一次布置写作文的任务，他竟然破天荒地交上来了，尽管内容不是特别好，但是为了抓住这个契机，我在文后写了一个大大的"刊"字，在班级作文周报上发表了他的文章，对他来说，这是一种莫大的鼓励。后来的时间里，他有了学习的动力，发言更积极了，作业交的次数比以前多了。

一下子要将孩子身上的缺点统统改掉，是不可能的。只有肯定优点，引导他养成正确的行为习惯，看到真、善、美，才会有自我改变的动力。

他的个人卫生习惯差，手脸洗不干净，衣服总是脏兮兮的。我始终相信榜样的带动力量，每周升旗仪式结束后，找出一名卫生最好的同学站在队伍前面，号召其他同学向他学习。很多时候，他低着头，仿佛是感觉到了难堪。慢慢地，他的衣服干净了，脖子干净了。

"慢"孩子的转变总有反弹性，他的状态反反复复持续了两年。本学期，我们实行学习"承包制"，一个优等生承包一个"后进生"，他没有写家庭作业，按照规定没收了"师傅"的"幸运卡"。他在当晚的日记中表示很不安，并保证一定要挣回卡还给"师傅"。我为他寻找到一个机会，承诺如果他能负责倒一周垃圾的话，可以奖励两张"幸运卡"，他认真倒垃圾，赢得了两张卡。同学们对他的进步表现出了极大热情，每天的日记有三分之一同学表扬他，我会有重点挑几个同学表扬他的日记在班级朗读。每到此时，他都有点不自在，但脸上洋溢着幸福的微笑。

我给了北一定的尊重，让他在劳动中获得奖励、赏识，并学会和自己的不良行为习惯作斗争，发挥内在的精神力量来克服自己的缺点，老师和集体看到了他身上的优点，在不间断地表扬中，促使他逐渐向"好孩子"转变。

三、摸准脉，对症下药

要想对学生进行有效教育，首先必须详细了解学生的成长背景。有些"慢孩子"是在后天的不当教育中产生的，针对这类学生，一定要了解他们在成长中都经历了什么，摸准脉，才能对症下药。

辉，一年级时，正式作业完成得很慢，时常不写家庭作业。写字没有笔顺、笔画，上课注意力不集中，对老师的话似乎听不懂，上课坐不安稳。我曾经动怒批评过他，没有任何效果，孩子的表现比以前更差劲。

为了找到更有效的教育方法，我跟家长进行了沟通，了解到孩子在学前班跟读的两年，老师要求不严格，没有形成良好的学习习惯。上一年级后，没有读书、写作业的意识，"习惯成自然"。针对此情况，我和家长商量，对他必须采取特殊的教育方式。学校里，其他孩子一个字写四遍，他写一遍，只要认认真真就可以。我会尽量抽空陪着他写，盯着他的笔顺笔画，不对便一一纠正。写好了，在全班同学跟前表扬，孩子的脸上绽开了笑容。他，慢慢爱上写字了。之后逐渐增加每天的作业量，经过一个多学期的"特殊教育"，他的步伐跟上了其他同学，能够按要求写作业了。同时，我希望家长能配合老师，家里多点陪伴，及时鼓励，让孩子树立自信心，用这种自信心促进成长，有心的家长也做到了。

家校合作，促进了孩子的转变，摸准脉，是首要。

苏霍姆林斯基说："没有不想成为好孩子的儿童，一切坏的东西总是会使儿童感到苦恼、难受的，但是年幼的儿童还不善于把自己的精力引入正轨。"作为老师，如果能让每一个学生身上的天赋特质都将毫无例外地得到发展，每一个学生特有的智慧都能放射出灿烂的异彩，每一个"慢"孩子都能被善良、温柔以待，那么，"细嚼慢咽"的教育，必将为俯下身子的我们，送来一片花香。

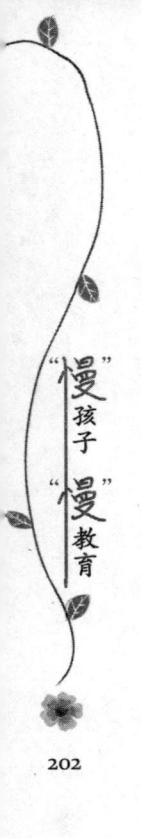

55. 我要做个好孩子

——"慢"孩子教育案例

文/魏春燕

每个班都有"慢"孩子，不论是学习方面，还是行为和思想方面的。对于"慢"孩子，老师更要注重情感教育，关注他的点滴变化，找到突破口，给予不间断地表扬，当"我是一个好孩子"的意识在他心底萌芽时，会逐渐走上"我要做个好孩子"的道路。

一、案例背景：

侯同学，男，12岁，三年级学生。

主要表现为：

1. 纪律方面：散漫、没有时间观念，上学经常迟到

2. 学习方面：十分聪明，上课发言积极；但是正式作业不能按时完成，家庭作业经常不写，字迹潦草，没有良好的学习习惯；基础知识特别差，考试检测成绩不理想

3. 行为方面：特别调皮，贪玩，不合群

二、问题成因

1. 缺少父母陪伴

根据了解，因为父母经商，他从小缺少陪伴，经常寄放在亲戚家，家庭没有配合学校进行严格的入学教育，养成了散漫的习惯；没有

写家庭作业的意识，养成了不写作业的习惯，导致其基础差。

2. 父母溺爱严重

出现的问题不配合学校整改，总是为孩子找托词，孩子有了侥幸心理，对纪律没有了敬畏感。

3. 自卑心理与抵触心理

孩子"学习差、无纪律、不讲卫生"，长期受到老师的批评和同学们的抱怨，一直处于"四面楚歌"的环境，学习得不到提高，久而久之产生了自卑心理，处于茫茫然、找不到自己的状态，对老师的管教产生了抵触心理。

三、教育策略

1. 带上"放大镜"，体验"被尊重"

教师要学会赞赏每一位学生，赞赏每一位学生的独特性、兴趣、爱好、特长，赞赏每一位学生取得的哪怕是微小的成绩。学生是社会的人，每个学生都有独立的人格、尊严和个性。心理学家马斯洛把人的需求分为五个层次，第四层次是"尊重的需要"，无论在何种领域，人都要获得尊重，让自己有"被需要、被重视"的感觉。

三年级的第一次作文，他破天荒地交了上来，内容并不是特别好，为了鼓励他，我在作文后大大地写了一个"刊"字，能在班级作文周报上发表，是对孩子最大的鼓励，发下作文本的一刻，他的眼睛里闪着光芒。第一次刊用后，各个方面有了进步，好景不长，又反弹。我打电话与家长沟通，列举孩子的优点，感谢家长的付出，希望再接再厉。打完电话的头两天可以，后来慢慢恢复原样。生活中、学习中，我用放大镜找他的优点，在班级群、班级短信中表扬，让孩子和家长感受到表扬的力量。家长和学生都感觉到"被重视"了，有了想要进步的动力。

"扬学生之长，越扬越长；指学生之短，越指越短。"用放大镜找优点，让学生产生"我是好孩子"的意识，从思想上慢慢转变。

2. 放低要求，用发展的眼光看待孩子

苏霍姆林斯基说："正像医生细心地研究病人的机体，找出疾病的根源，以便着手进行治疗一样，教师也应当深思熟虑地、仔细、耐心地研究儿童的智力发展、情感发展和道德发展的情况，找出儿童在学习上困难的原因，采取一些能够照顾个人特点和个别困难的教育措施。"侯落后的关键原因在于一年级的底子太薄，对学习失去了兴趣。每次听写20个词语，只写对3个。鉴于这种情况，我对他降低了要求，生字可以不带拼音，其他同学必须写会一、二类字，他只写会"语文天地"的词语就可以了。每次听写叫他到黑板上来写，错了的一笔一划帮他纠正，每天听写完，我总会拍拍他的肩膀说："你今天又进步了。"每次的作业，我不要求他写完规定数量，量力而行，只要认真完成，都会得到不同的奖品。在我和家长严格监督下，他逐渐有了写家庭作业的意识，正式作业有好多次完成得又快又好。

3. 用集体的力量促进自我教育

苏霍姆林斯基认为，一定要让集体来肯定学生在道德品质方面表现出来的优点，并及时加以表扬，这是正确进行教育的一个十分重要的条件。当受教育者意识到自己做了有利于集体和社会的事情时，他会得到一种极大的精神上的满足。

期末复习，班级的日记主题规定为"我眼中的复习小标兵"，换同桌后，侯有了新同桌，当晚，他的同桌在日记本上写道："对复习小标兵我不感兴趣，但对新来的同桌特别感兴趣，我发现他很大方。"这是一个绝佳的教育契机，午读时间特意请作者展示朗读，同伴的教育力量是巨大的，第一次有同学在全班表扬他，他羞红了脸。这成了他复习的动力，当天晚上，作业完成得特别好，正确率也非常高，被评为"复习小标兵"之后，关注他人越来越多，甚至班级有三分之一的同学日记上写他是"复习小标兵"，上课认真听讲、作业正确率高都是同学们表扬的几个方面。凡是遇到写他的，读！在这种表扬磁场的巨大磁力下，推动他进行自我教育，也达到了教育的最佳目的。

四、反思讨论

在老师持续两年的关注和不离不弃地教育下，他终于意识到自己是个学生，主动帮班级倒垃圾，也开始有学习的意识了。同时也发现了善良的一面。他在日记中写道——要帮师傅挣回一张"幸运卡"，他有"我是一个好孩子"的愿望，自身的驱动加上外力的推动，他有了"我要做个好孩子"的愿望。当这些好的东西表现出来后，老师和同学们不断地表扬鼓励，帮他巩固，不知不觉中他的一些恶习逐渐铲除，主动和同学友好玩耍，再也听不到同学的告状声了，同学们拿他当朋友。

到复习阶段，他进入了很好的学习状态，成绩从以前的四十名前进到三十二名。当然，进步的不仅仅是成绩，最主要的是他对待同学、对待学习的态度以及找到自我的自信，这一切都在悄悄发生变化。

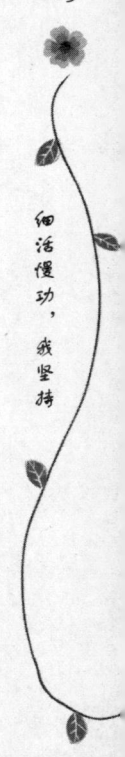

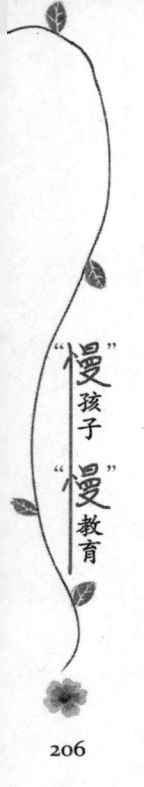

56. 慢下来，静待花开会有时

文 / 王福琴

记得儿子和女儿蹒跚学步时，作为母亲的我会耐心等待他们自己挪动脚步，直至自己学会走路。作为老师，我觉得教育学生亦如教孩子学步，对待学生的成长，来不得半点儿急躁。当孩子还没有迈开第一只脚，你就去牵引他，帮他迈步，那结果只能是孩子永远也学不会独立迈步，往往好心办坏事。平时在对待学生的态度上，我们很多教师和家长有太多的恨铁不成钢，太多的急功近利和揠苗助长。

教学中，我们面对的是来自不同家庭、具有不同性格、不同认知水平的孩子，我们希望每一个孩子都聪慧，每一个孩子都能品学兼优，每一个孩子都能一教就会。然而，孩子是存在个体差异的，并不是每一个孩子都能如我们所愿。面对那些因各种原因而造成的"慢孩子"，我们更需要耐心的等待、耐心的引导、耐心的帮助。

俗话说得好："迟开的花儿更鲜艳。"如果我们一次没有教会他们，就静下心来，告诉自己，再教一次也许就会了。两次不会，耐下心来，再教一次，相信他一定能行！给孩子一次机会，让孩子再努力一次，你会发现"柳暗花明"的美丽，你会享受"雨过天晴"的幸福。

一、爱和陪伴是"花儿"成长中的阳光

苏霍姆林斯基说过："教育首先是关怀备至，深思熟虑、小心翼翼地触及年轻的心灵。"因此，在平常的教学中，我们首先要做到关心爱护学生。我们每天面对的是小学生，成长中的他们心理比较脆弱，我们要学会走进他们的世界，让他们充分体会到老师的关爱。

翔是个留守儿童，父母、奶奶都出外打工，爷爷早逝，翔由年迈的曾祖父、曾祖母照顾。由于没有经济来源，曾祖父、曾祖母在照顾他读书的同时，还要在外面打零工。致使他平时缺少家人的陪伴，更别说对他学习生活的监管了，完不成作业那是常有的事，这就是他学习成绩低下的主要原因。

了解了他的家庭情况后，我决定"以情动情"走进他的心里。我带着他理发，陪他家访，陪着他做作业，为他补课。一年多的陪伴，如今的翔已不再是昔日那个没有纪律，不写作业的"捣蛋鬼"，他开始积极上进，似一朵待开的花蕾，极力吸收着营养。

二、期待和鼓励是"花儿"成长中的水分

教育是一种心灵的艺术。爱心会对学生产生潜移默化的影响。我们要用亲切的目光看着学生，用宽容的笑脸面对学生，让他们感受到老师的期望，使他们朝着老师期望的方向发展，著名的"罗森塔尔效应"讲的就是这样的道理。

浩是我班的一个"慢孩子"，不光行动比较慢，学习也很慢——书写慢、读书慢，但智力绝对不慢，只是平时的习惯造就了他"慢"。课堂上我鼓励他积极发言，他表现良好时，我大加赞扬，并为他写下寄语让家长读给孩子听，从而让他明白我对他的期望。在和家长交流后我才知道，我的期待让孩子充满了自信。在课堂上他时常会高举小

手，我会及时提问并奖励给他一朵小红花，他的小眼睛里尽是喜悦！另外，只要他的作业有进步，我都会奖励他。

人类行为学家约翰·杜威曾说："人类本质里最深远的驱策力就是希望具有重要性，希望被赞美。"心灵如玻璃般透明的孩子，更需要我们的呵护与赏识。我充分肯定浩的优点，并对他的进步大加表扬，用各种方式激励他，使浩觉得自己的努力是会有收获的，从而激起他的内驱力，不断进步。

如今的浩已不再是刚如入学时的低头男孩，他成了班上的"小演员""幽默大王"，公开课上竟也能滔滔不绝，让大家刮目相看。鼓励的力量不可估量！

三、发现和信任是"花儿"成长中的养料

在平常的教学工作中，对待"慢孩子"，首先，我们要有一双善于发现的眼睛，及时发现他们身上的闪光点，捕捉他们积极的瞬间，并以此为契机，让他们参与到学习活动中；其次，要相信孩子。老师应该给予这部分孩子足够的信任，从而使他们觉得自己努力了就一定会成功。

伟，在大家看来，行为古怪，行动迟缓，开学以来举手发言的次数屈指可数。在课堂上我时时关注着他，只要是他的眼睛亮一下，我就连忙请他来回答，可他常常会慌忙站起来，又一时半会说不出答案。这时，我会耐心等待，并让他明白：老师相信你，你一定能行。久而久之，他时不时会在我们漫长的等待中语出惊人。

我们的教育教学对学生来说，是一个潜移默化的过程，在这个过程中需要我们耐心地等待。当学生犯错时，我们不急于给他们"扣帽子"，耐心等待他们自我改正错误。在课堂上，我们多为他们留一些思索的时间，多为他们设置一些展示自我的平台，等待他们说出自己的想法。在成长的道路上，我们多为他们留一些自由的空间，等待

"破茧成蝶"的蜕变。教育就是温火慢炖,"慢"是一种功夫,是一种享受,教育就得慢慢来……我们做教师的,要有足够的耐心、足够的包容心去等待。

用呵护"花苞"的心态,静待花开。相信那些所谓的"慢孩子"就是那还没开放的"花苞",它不是不开,而是在积蓄能量,是在等待时机,它一旦开放可能就会让你大吃一惊。而我们所要做的就是彻底改变态度,用心去爱每一个学生,耐心等待每一朵花蕾的绽放。

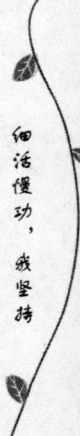

57. 新时代素质教育下的"慢"孩子教育策略

文/马子霞

从偏僻农村学校到县城学校，从青年到中年，我在教育岗位上已经工作二十四年了，日子在漫长却又匆忙中溜走，这期间有许多活泼可爱的孩子走进我的生活，丰富了我的人生经历。在时间的冲刷下，留下深刻印象的除了那些优秀孩子外，还有一个个因这样那样的原因而"慢"其他孩子半拍的孩子。这些孩子和同龄的孩子相比，或行动慢，或思维缓慢、接受知识慢，或喜欢制造麻烦，或消极怠惰，或性情乖戾。他们一直是在班级管理中绕不过去的一部分。他们曾经无数次考验了我的热情和耐心。随着时间的推移，我慢慢明白，正是这些孩子丰富了自己的教学经验，让我明白教育最离不开的是爱。在平淡如水，却又忙忙碌碌的工作中，是否关注到这些相对弱势的"慢孩子"，用怎样的态度对待这些孩子，不仅体现着教育的公平性，同时也体现着一个育人者的职业素养。

一、"慢"策略——放慢自己的脚步，耐心陪着"慢"孩子成长

叶圣陶先生说："教育是农业而不是工业。"自小在农村长大的我对农业耕种并不陌生，春耕秋收看似平常，却大有学问。一年四季，什么时候种什么作物，拖不得，敷衍不得，也急不得。陡坡平川，哪块适合种哪种作物，怎么种，勉强不得。旱涝霜冻，怎么管护更要心中有数。

对"慢"孩子的教育,不能老想着立竿见影,更不能拔苗助长,而是要像守护一块麦田一样,除了深耕、细种、认真施肥、及时除草外,还要预防病虫害,祈求风调雨顺、静静地等待他们长高……这就要我们放慢自己的脚步,用滴水穿石般的耐心陪伴着他们,用"随风潜入夜,润物细无声"的慈爱之心呵护他们,用放大镜去发现他们的点滴进步,用母亲般的耐心和热情帮助他们解决学习、生活、交往中遇到的难题,确保孩子们有足够的勇气和信心跟上班级整体成长的节奏。

"天我生材必有用",相信每一个孩子都是独立的存在。和孩子们相处久了,你就能读懂他们的心声。不论他的表现多么与众不同,他的内心都是积极向上的,但他们通常又会在相信自己和否定自我中摇摆。许多"慢"孩子在别人异样的眼神中变得自卑、自闭。因为感觉自己处处不及别人优秀,所以内心更加渴望得到老师的理解、鼓励和赏识,更渴望拥有自我表现的机会,借此修复自己受伤的自尊心,而这些恰恰最容易被我们忽略。

走近孩子,蹲下来,了解孩子的内心需求,为创造孩子认识自己、表现自己的机会,营造让孩子健康快乐成长的氛围,是我们时刻都不能丢掉的责任。学着像龙应台那样,"愿意等上一辈子的时间,让他从从容容把这个蝴蝶结扎好,用他五岁的手指。并告诉他,孩子你慢慢来,慢慢来。"

二、"爱"策略——回归教育本真,用"爱"陪伴孩子成长

陶行知先生说:"爱是一种伟大的力量,没有爱就没有教育。""真教育是心心相印的活动,唯独从心里发出来,才能打动心灵的深处。"读到先生的教育名句,就会想起他用四颗糖教育犯错误的孩子的故事,总会被他的教育智慧深深打动,他用实际行动告诉每一位教师,应该怎么样用爱去教育孩子说真话,做正直的人,用自己真诚的爱,

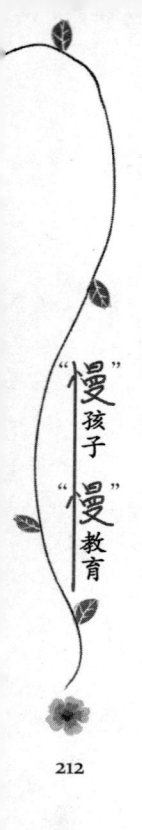

赢得孩子的信任和友好。

"像爱自己的孩子一样，爱每个孩子。"说起来简单，几十年如一日坚持做起来难，特别是在以成绩论英雄的当下，过强的功利心促使我们很难用耐心等待他们按自己的步伐慢慢长大。然而，世间万事，越是困难，越能显现坚持的价值和意义。

我们教育一个个"慢"孩子，要经常反思一下我们的方法是不是恰当，耐心是不是足够，个人修养是不是合格。许多时候，爱就是无声的陪伴，就是反复教、反复抓。日复一日，年复一年，天长日久中，我们的爱才会赢得孩子的爱，才能实现"一棵树摇动另一棵树，一朵云推动另一朵云，一个灵魂唤醒另一个灵魂。"

教育孩子就像养花，我们要深信每一棵小苗都是春天的使者，每一种花的花期是不同的，我们用爱心呵护着他，欣赏着他，静静地等待他开出属于自己的那朵最艳的花。

三、"家校"策略——家校互助，众手托起明天的太阳

家庭是孩子的第一所学校，父母是孩子的第一任老师。家庭、父母在孩子的成长中的重要性是不可替代的。古今中外，许多长大后却取得不同凡响的成就的人，基本上都离不开家庭的付出和培养。

一个别人眼中的"慢"孩子，他们父母付出的心血和劳动可能是一个普通孩子的几十倍，甚至是几百倍。如果学校无法营造关注"慢"孩子的氛围，创造"慢"孩子寻找快乐、确立自信的平台，开启"慢"孩子进行自我教育的大门，那么在教育走向开放、多元的今天，是很难实现教育的公平性的。就像苏霍姆林斯基说的："没有家庭教育的学校教育和没有学校教育的家庭教育，都不能完成培养人这样一个极其细微的任务。"家校合力，目标一致，才能取得事半功倍的教育效果，才能为"慢"孩子的成长撑起一片蓝天。

四、"梦"策略——为"梦"起航,持之以恒

一个老师,在自己有限的职业生涯中,能把致力于"慢"孩子的教育,看成自己值得永远坚守的工作,始终用爱心、耐心、宽容心、自然心,陪伴孩子们健康快乐长大,期待着他们在不久的将来,用善良、积极的心态去生活,用正直、宽容的心态服务社会,让他们心中有梦,为梦前行,这何尝不是一种幸福,一份成就,一种享受?

柏拉图说:"教育非他,乃心灵的转向。"孩子是一块璞玉,只有善于识得他,用真情温暖真心,才能雕琢他,让他敞开心扉,接纳你的教育和帮助,进而实现自我教育。

古人云:"一年之计,莫如树谷;十年之计,莫如树木;终身之计,莫如树人。""慢"孩子的教育贵在持之以恒,贵在循序渐进。

总之,作为一线教育工作者,在新的时代,依据"慢"孩子的特殊状况及其缘由,从尊重孩子个性发展为出发点,以全面提升孩子的健康人格和心理素质为根本,注重开发学生的个性思维和人格魅力,把培养孩子健康的人格发展为教育宗旨,力争把每一位孩子培养成为道德、品格、气质、学识和具有个性特长的新时代全面发展的人才。

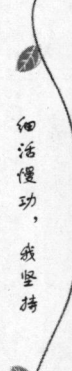

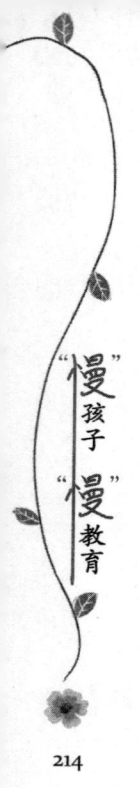

58. "慢"孩子是一朵需要耐心浇灌的花[1]

文/蒋小利

赏识让"慢"孩子成为最好的自己。

——题记

开学初,金堂教育局给每位老师发了《赏识你的学生》这本书。作者孟繁华,用大量生动的案例阐述令人扼腕叹息的教育故事,喊出了教师要善待每一个生命,让孩子成为真正的自己。

这本书的一句话"儿童的自尊心像含羞草,老师应慎之又慎地对待"时时萦绕脑海,触及心灵。

读了《赏识你的学生》这本书后,对镜反思:作为一名教师,不仅要有过硬的知识、文化,更要懂教育学、心理学。在教学中,不能抱着"恨铁不成钢"的"好心",不遗余力地给予学生最无情的批评,看似负责,但实际上,不懂孩子"内心的宇宙",没有做到真正为每一个孩子负责。教师,除了要有循循善诱、诲人不倦的教育情怀,更要做识千里马的伯乐。苏联教育家赞科夫说:"漂亮的孩子人人喜爱,爱难看的孩子才是真正的爱。"

因此,教师在教学工作中,要用"赏识"的眼光看待每一个孩子,更要用"赏识"尊重"慢"孩子,用"赏识"的理念,引领职业生涯。

---

[1] 蒋小利."慢"孩子是一朵需要耐心浇灌的花[J].教育,2019(7):116-117.

尊重孩子，尊重自信。琳，班上一个自信的"慢"孩子，中期测试时她的分数并不理想，然而她自身毫不在乎，且没有一点要反思的想法，为此我训斥了她一顿。但现在看来我是否太过于把目光盯在分数上，并以此给予琳负面评价，我的一举一动岂不是扼杀了她的自信？再加上孩子本身基础相对差，我的话真是雪上加霜。老师不要对每个孩子用同样的期望值去衡量，要根据孩子自身特点，因材施教。心理学上著名的"罗森塔尔效应"证明，仅仅是因为教师对学生的期待不同，一部分学生就会比另外的学生取得更大的进步。我们在学习或事业的攀登中，要遇到种种困难，自信就是克服这些困难的良药。换句话说，对于孩子的自信，我们应该虔诚地尊重。杜威说过："希望得到尊重是人类天性中最深刻的冲动。"苏霍姆林斯基说："儿童的尊严，是人类最敏感的角落，保护儿童的自尊心，就是保护儿童前进的潜在力量。"谁尊重孩子，谁善于激励孩子，谁就能找到开启孩子心灵的钥匙。

尊重孩子，尊重平等。为了解琳，我开启了家访之旅。原来琳的爸爸妈妈认为孩子健康、快乐成长便好。对于学习，顺其自然，只要孩子在学校读书就可以。回家后，孩子独自出去玩耍，他们自己打麻将。实际上，除了成绩琳各方面的表现都不错。正如著名教育家陶行知说过："你的教鞭下可能有瓦特，你的冷眼里可能有牛顿，你的讥笑中可能有爱迪生，你的骂声中可能有爱因斯坦……你别忙着把他们赶跑，你可能要等到坐火车、点电灯、学微积分，才认识他们是你当年的小学生。"所以，我们不要一味地以老师的权威，要求家长与孩子怎样，而是蹲下身子与他们沟通。为了孩子长远的发展，家长没有空，我就抽空余时间陪伴琳做作业，复习当天知识，预习第二天要学的新知识。功夫不负有心人，一段时间后，琳听写字词基本过关，课文多数能背会。同学们真正地接纳了她口中的"我会"。

尊重孩子，注重鼓励。课堂上，有了琳的"我会这个问题"，更

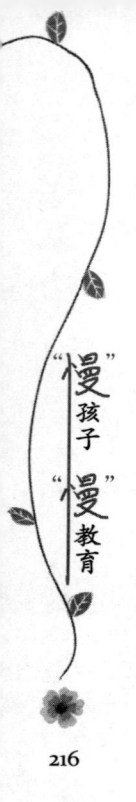

有我的"你真是小老师";操场上,有了琳的"我会1分钟跳50次绳",更有我的"你是运动员";课外实践活动中,有了琳的"我会树叶粘贴画",更有我的"你是艺术家"……有了"饮之以琼浆、灌之以醍醐、哺之以精髓"的评价语,琳脸上泛起从未有过的笑容。美国著名心理学家詹姆斯说过这样的话:"人性中最深切的本质就是被人赏识的渴望。"无论年龄大小,地位高低,人们都希望得到别人赏识,都不会拒绝别人的赞扬。同时,来自别人真诚的赞扬或奖励,都会令被表扬者产生愉悦的情绪体验,朝着引导的方向前进。

"慢"孩子是一朵需要耐心浇灌的花,他们内心脆弱,情绪易波动,更需要老师"正确的赏识",呵护那颗"含羞草"的自尊心,以培植起对生活,对学习的自信,让他们悄然绽开。

最后我把书后的一段话分享给大家:

赏识你的学生

相信每个孩子都是天才

欣赏孩子的长处

肯定他们的每一个细微进步

让他们不断体验成功的喜悦

找到学习的快乐和自信

并真诚地帮助他们

那么,奇迹就会发生。❶

---

❶ 孟繁华.赏识你的学生[M].北京:教育科学出版社,2010.

59. 浅谈"慢"教育实践中的特殊学生转化[1]

文 / 刘艳艳

张文质先生在《教育是慢的艺术》中说:"教育是一个'慢活''细活',是生命潜移默化的过程,所谓'润物细无声',教育的变化是极其缓慢、细微的,它需要生命的沉潜,需要'深耕细作式的关注与规范'……"细细品味这句话中的"慢活""细活",折射出了张文质先生传递的教育真谛:教育需要耐心、细心和恒心,需要我们做教师的静下心来,慢慢地陪着孩子们走,一路慢慢地欣赏和享受,耐心等待他们的成长,在"慢"中践行爱的教育。

一、对孩子宽容,给予表扬和鼓励

我们班上有个男孩涛,现在四年级。刚开始,在听课习惯、作业要求、作业质量、行为习惯等方面,我要求涛和其他孩子一样。但我慢慢地发现,涛和其他孩子不一样,我接手这个班级的时候是二年级,他连最基本的字都不认识,一年级的语文考个位数字。起初看到他上课不听讲、坐不住,上课掏出一大堆学习用具当玩具,还时不时地爬到座位底下戳前面同学的脚,脱前面同学的鞋,很是生气。后来发现,对于这样的孩子,我们不能急着教给他知识,更不能把他们和其他同学"一视同仁",而要了解他这些行为背后的原因,用宽容的

---

[1] 刘艳艳.例谈"慢"教育实践中的特殊学生转化[J].中学生报(教研周刊),2019(47):255.

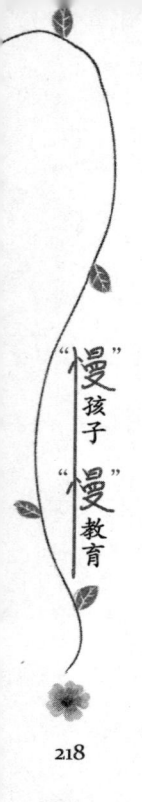

心去看待，涛爸爸说这孩子四岁多才开始学习说话，他自身的发育本来比别的孩子慢一些。于是，我平时注意观察涛的言行后，不着急给他教知识，而是从培养习惯做起。课堂上，只要涛的注意力集中一小会儿，我就鼓励、表扬。慢慢地涛上课管不住自己、玩耍、淘气的时间越来越少了。

很多时候，我们总是希望孩子一下子就达到我们想要的状态，而忽略了像涛这样的孩子的特殊性。教育是一种"慢"的艺术，更是一项"复杂"的工程。我们需要"因材施教"，对于类似涛的"慢孩子"，要给他足够的宽容，允许他犯错误，允许他慢慢改正。同时，要及时表扬和鼓励他们的点滴进步，让他们感受到努力改变的快乐。

二、给孩子时间和空间，让他在自我教育中慢慢变化

每个孩子的智力是有差异的。因此，我们要充分给这些"慢孩子"们思考、消化、接受的时间和空间。最近，孩子们喜欢玩魔方，学校也把魔方比赛纳入数学竞赛。可班上有个孩子博，上课给他怎么教他都记不住，下课给他派了小老师帮教，还是教不会，小老师也没耐心了。无奈，周末放学，我让博自己拿到家去研究琢磨。

第二天，博一到校，就兴致勃勃地给我演示他会拼魔方了，操作还比较熟练。看来，适当的放手，给孩子自己成长的空间，反倒有意想不到的效果。没有了老师的干预，孩子是自由的，他的思维是放松的，经历了自我领悟的过程，自己摸索研究得出来的方法和经验才是真正的能力。

相信我们只要给特殊孩子更多的时间和空间，少一点干预，多一些等待，他们就会根据自己的实际情况自我发展，自我成长。

三、对孩子信任，激发孩子潜能

涛刚开始写字的时候，不按照笔画顺序，只是凑到一起，写出

来的字就出田字格了，在他眼里，根本就没有田字格或者写字看占位这一概念。怎么办？我不能让本来"慢"的孩子更"慢"，掉队更厉害。我给他充分的信任，先从最简单地"一、二、三"入手，教他写字占位。刚开始写得很不好，不过在我的鼓励下，孩子喜欢上了写字，写好几个字后，我给他奖励小红花，或者笑脸。就这样，他在不断的奖励中获得成就感，字写得越来越好了。现在，涛已经会写很多简单的字了，而且认识的字也越来越多。

只有对孩子有足够的信任，这样孩子的潜能才能充分发挥出来。尽管涛是别人眼中的"慢"孩子，可是他现在已经比之前进步了很多。我相信，明天的他会比今天的他更优秀。由此，作为老师，应该充分尊重、信任每一个孩子，把每一个孩子当作独立的个体，唤起孩子的主体意识，让他们按照自己喜欢的方式学习，成长，发展。

正是在老师的宽容和信任中，给予的表扬和鼓励，像涛和博这样的特殊孩子才会有更多的时间和更宽松的空间发挥潜能，自我反思中自我成长，努力成长为独特的自己。这也是教育最真切的价值和意义。

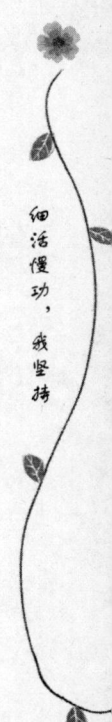

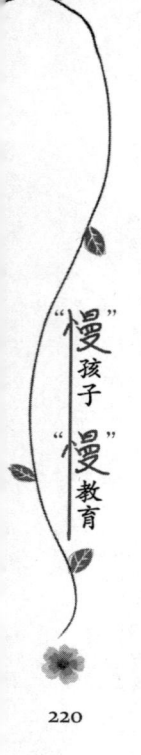

60. 用阅读转变"慢"孩子 [1]

——读《给教师的建议》

文/王旭红

我以前总这样认为：只要对班上相对"慢"的学生进行反复的强化训练，让他们把许多东西死记硬背下来，慢慢的就会掌握很多知识。没想到这种办法只是养成了习惯，没有唤醒他们沉睡的大脑。苏霍姆林斯基说："把学习仅仅局限于背诵的教材是特别有害的——这种做法会使他们养成死记硬背的习惯，变得更加迟钝。最有效的手段就是扩大他们的阅读范围。必须使这些学生尽可能多地读些书。"

一、我们如何选择阅读书籍呢？

"在后进生所读的书籍里，在他从周围世界里所遇到的事物中，应当经常发现某些使他感到惊奇和赞叹的东西。用惊奇、赞叹可以治疗大脑两半球神经细胞的萎缩、惰性和虚弱，正像用体育锻炼可以治疗肌肉萎缩一样。儿童感到惊奇、赞叹的同时，好像有某种强有力的刺激在发生作用，迫使他加强工作。"是的，阅读面越广，掌握的知识就越多。只有在知识不断发展、深化的条件下，孩子的知识才是活的知识，因为它储存的知识越多，他的学习就越容易。我们努力要做的是，不以孩子掌握知识为最终目的，而要让知识成为帮助孩子成长的手段；不要让知识变成不动的、死的"行装"，而要使知识在孩子

---

[1] 王旭红. 用阅读转变"慢"孩子[J]. 新一代, 2019 (4): 196.

的脑力劳动中、在集体的精神生活中、在孩子们的相互关系中、在课堂交流中不断活起来，只有这样，他的"慢"思维就会得到激发。阅读能教给他思考，而思考会变成一种激发智力的刺激。孩子思考越多，他在周围世界中看到的不懂的东西就越多，他对知识的感受性就越敏锐。

二、怎样才能做到有效阅读呢？

那就得从小学一年级开始，从教学的最初起步。阅读最重要的因素就是"词"，更确切地说，就是词里面所反应的现实世界。词在孩子面前展现出新颖的、在他上小学之前完全陌生的方面。孩子要在阅读的梯子上攀登时，他迈出的第一步就是通过"词"来认识世界。让词在孩子好奇的意识里活跃起来，使词成为孩子阅读的工具。让孩子把自己的认知用词表达出来，既养成了孩子认知的享受和思想活动，也锻炼了他们脑力劳动的积极性。

在孩子渐渐掌握词汇的基础上，老师要教会孩子"能借助已有的知识获取知识"，怎样才能做到让这些特殊孩子"获取知识"呢？这就需要老师的正确诱导，让他们去观察、去感觉、去触摸他们没接触过的东西，然后让他们按照自己的所想把自己的观察、感觉写出来，再让他们把自己写的文字放声读出来，自己体验一下自己写的句子通顺不通顺，条理清楚不清楚。这个环节就是阅读"自己"。阅读来自热情。不是所有的孩子都有阅读热情。作为教师，了解孩子的精神世界，知道他们的兴趣和爱好，及时抓住教育契机，向没形成阅读热情的孩子推荐他们需要的图书，这是一个非常重要且有技巧的工作，是阅读引导的关键。没有充分体验过阅读快感，没有养成主动阅读习惯的孩子，用再多的方法鼓励他阅读都是无济于事的。阅读热情从哪里来？只能来自阅读本身，来自于阅读过程中的精神愉悦。成人如此，孩子也如此。如果教师是一位热心于孩子阅读的"点灯人"，那么他的学生无疑是幸福的。其实只要拥有一颗"以人为本"的心，每位教师都可以成为开启孩子阅读之门、点亮心灵之灯的人。孩子的家庭背景不同，阅读的兴趣就有层次。有的可能有丰富的亲子共读经验，有的根本没有。教师面对孩子不同的词汇量、理解能力、阅读兴趣、情感体验不能灰心，通过有意识地引导让特殊孩子爱上阅读。其中教师在孩子心目中的权威地位和班级集体的读书氛围，是培养孩子阅读种子的两个法宝。教师可以利用好自己的权威地位，充分发挥自身的引导作用。例如，师生可以约定，每天踏着晨光走进教室的第一时间就是诵读时间，这样不间断地坚持一段时间，那些"慢"孩子就会养成诵读习惯。然后，引导这些"慢"孩子融入到集体中去诵读。孩子们一起朗诵课文、诵读经典文体和优美诗歌，精神共振得到的愉悦感远远大于一个人诵读时获得的快感。

三、结语

只有孩子有了浓厚的阅读兴趣，才会对书籍爱不释手。知识是慢慢积累的，读的书越多，知识就越丰富。智能是用知识来开发的，所以利用阅读去转变一些问题孩子也是最佳措施和手段。我们一边尝试，一边引导，孩子会通过阅读来改变自己。但教师必须要有一颗火热的爱心和坚持不懈的耐心，只有这样，才能让孩子们有阅读的兴趣和行动的动力。